# En guise de préface

*Marie-Catherine Santerre a quatre-vingt-cinq ans...*

*Je l'ai rencontrée pour la première fois à l'annexe de l'hôpital de Meaux où elle était en traitement. Mon ami, le docteur Happert, médecin-chef de l'établissement, éprouvait pour elle une grande affection, doublée d'une solide admiration. Comme lui, je fus tout de suite séduit par cette petite bonne femme, courageuse et gaie, et peu à peu, j'appris moi-même à connaître son histoire, c'est-à-dire à l'aimer.*

*Pendant soixante-dix années, Marie-Catherine Santerre a travaillé, travaillé, beaucoup travaillé... Avec toujours, à l'horloge immuable des saisons, le même horaire : 4 heures du matin à 22 heures, en cave devant le métier à tisser, l'hiver ; 6 heures à 21 heures dans les champs, l'été. Ceci tous les jours, sauf le dimanche. Non pas, cette exception, pour prendre quelques loisirs, mais pour pouvoir fidèlement assister à messe et à vêpres...*

*Une vie simple et rude, jamais marquée d'aucun luxe et le superflu rigoureusement exclu, parce que inutile aux besoins essentiels.*

*Marie-Catherine, qui sait tout juste lire et compter, a pourtant un langage d'une grande pureté, à peine émaillé de quelques robustes expressions de patois ch'timi, le seul qu'elle ait parlé en famille.*

*Elle m'a narré ce que fut son existence de tous les jours, avec une minutie de détails qui prouve une extraordinaire mémoire.*

*Des heures durant, d'une voix nette et douce, elle a égrené ses souvenirs et, attentivement, je l'ai écoutée sans un instant être lassé tant est prodigieuse sa verve et passionnant ce qu'elle raconte...*

*Ainsi, méthodiquement, à l'aide de ce récit, j'ai pu reconstituer la vie de celle qu'à l'hôpital de Meaux, tout le monde nomme affectueusement Mémé Santerre... Une vie simple, rude, il faut le répéter, implacable, d'une banalité quotidienne dont la réalité se suffit à elle-même... N'est-ce pas elle qui donne la mesure de l'événement, hachant le temps qui passe de mille petits drames, de mille petites joies dont est faite l'existence du plus humble d'entre nous !...*

*Dans les pages qui suivent, Marie-Catherine va se substituer à moi. Je la laisse en face de vous, telle qu'elle est, une courageuse petite bonne femme dont l'existence, souvent faite de misères et de peines, fut cependant marquée par l'amour, l'amour qui dura soixante-quatre années, et le bonheur... Marie-Catherine a été une femme heureuse et n'a jamais cessé de le dire... Mais suivez-moi, s'il vous plaît, dans le Nord de la France, à Avesnes, un village de quelques centaines d'âmes, l'avant-veille de Noël, il y a presque quatre-vingt-cinq ans...*

# Chapitre premier

Je suis née le 23 décembre 1891. Ma mère m'a dit que ce soir-là, une brise aigre et glaciale balayait notre coron, charriant des nuages de poudre blanche qui collait aux murs de briques et s'engouffrait sous les portes... Depuis une heure, elle s'était couchée, ma maman, dès les premières douleurs. Elle n'allait plus se lever neuf jours durant...

Papa avait préparé le lit avec les draps réservés aux naissances, plus fins, moins rudes que ceux qui d'ordinaire garnissaient leur couche. Le petit poêle flamand tout rond ronflait comme un orgue, chargé à ras bord de briquettes faites de marne et de poussier aggloméré.

C'est lui, ce petit poêle, qui nous chauffait et qui faisait cuire les aliments. Pour l'heure, un cuveau d'eau bouillonnait dessus...

Mon père, assis, attendait sans mot dire l'arrivée de la bonne femme, la grosse Zulma, celle qui, avant moi, avait mis au monde mes douze frères et sœurs.

Sur la table brillait une « roue de brouette » — ainsi appelions-nous les pièces de cent sous en argent. Elle allait tout à l'heure payer l'accoucheuse. Celle-ci encore aurait un pourboire, si tout allait bien. Une tasse de vrai café bien fort dans lequel mon papa casserait un œuf... C'est seulement à ce moment-là qu'entraient chez nous ces deux friandises. Les autres jours, nous buvions de la chicorée et d'œufs, nous n'en avions jamais...

Dehors la bise, de plus belle, faisait voler la sciure répandue sur le sol de l'unique pièce de notre maison qui servait de cuisine, de salle à manger, de chambre à coucher. Mon père, qui était à cheval sur les convenances, avait réussi à aménager au-dessus, dans le faux grenier, un placard où l'on nous hissait le soir, mes trois sœurs et moi, et où nous dormions...

Ma mère gémissait en même temps que le vent et papa était pris de peur... Cette sacrée Zulma risquait de manquer l'enfant... Soudain, très loin, on entendit des hurlements, des cris d'une désespérance infinie. C'étaient les loups... La porte violemment poussée s'ouvrit pour laisser passer l'air glacé et la grosse femme qui allait me donner le jour.

Ce fut, m'a-t-on raconté, vivement fait. Zulma avait l'habitude et ce soir encore, elle mériterait son café. Elle allait ainsi, à travers le village et dans les bourgs voisins, accoucher les femmes. Elle ne manquait pas de travail ; les familles avaient toutes au moins dix enfants.

Je fus promptement extraite du ventre maternel, lavée, langée selon une technique compliquée et précise qui devait m'empêcher, selon la sage-femme, de me désarticuler.

Puis la toilette de maman fut expédiée de même avec, pourtant, une grande minutie. Zulma n'aimait pas que ses clientes meurent d'une maternité et elle était habile à éviter les infections.

Ayant terminé son travail, elle sirota son café au jaune d'œuf. Alors, elle parla des hurlements, ceux des loups que le froid avait chassés des grandes forêts belges et qui descendaient jusque chez nous pour souffler sous les portes, aux entrées des cités isolées...

Les loups, je les entendis moi-même plusieurs fois et je m'en souviens encore. Je devais avoir quatre ou cinq ans. Papa n'aimait pas du tout cela. Il disait qu'il fallait penser aux malheureux perdus dans la campagne et qui risquaient d'être dévorés. Nous avions grand-peur et ces soirs-là, dans notre placard, nous nous serrions plus fort, mes sœurs et moi.

Pour l'heure, j'étais encore un nourrisson auquel il fallait donner un nom... Maman, qui avait été très déçue d'avoir une fille, la onzième, avait bien pleuré. Mon frère aîné l'avait consolée.

— Ma mère, avait-il dit, elle sera votre bâton de vieillesse.

On avait décidé de m'appeler Marie-Catherine, comme elle...

Etant dernière-née, j'allais avoir le privilège de dire « maman », ce qui était refusé à mes frères et sœurs qui devaient dire : « ma mère » ou « mon père ». Tous, nous devions les vouvoyer. Telle était la coutume en notre province... Et dans notre coron, qui groupait une dizaine de maisons, elle était respectée partout.

Jamais, jusqu'à l'âge de mon mariage, et après aussi, bien sûr, je n'ai discuté l'avis de mes parents. Même lorsque nous étions sûrs qu'ils se trompaient, nous n'aurions osé le leur dire...

Ainsi jusqu'à trois ans, je grandis. Jusqu'à sept mois, j'avais été nourrie au sein. C'est le seul lait que je connus de toute mon enfance avec celui qu'on me donna quelquefois plus tard à l'école.

A trois ans, j'eus de la chicorée comme les autres avec un quignon de pain le matin. A midi, c'étaient des pommes de terre bouillies et du fromage blanc que nous étendions sur d'épaisses tartines. Ma mère l'accommodait avec du sel et de l'ail. On en avait un grand saladier pour trois sous. Le soir, on buvait un bol de soupe.

La viande était réservée au dimanche, et encore ! Alors, nous avions un petit pot-au-feu ou bien du foie de bœuf, ou de la rate avec lesquels maman faisait des ragoûts qui embaumaient.

Cette viande, nous ne l'achetions jamais chez le boucher. C'était trop cher. Nous attendions que le garde-champêtre, le père François, batte le tambour sur la place pour annoncer qu'un cultivateur venait de tuer une vache et qu'il la débiterait à sa ferme le lendemain matin.

A l'aube, les ménagères du coron partaient ensemble pour assister au dépeçage de la bête et ne pas rater les morceaux avantageux...

Il fallait faire vite : les hommes n'aimaient pas savoir les femmes dehors. Ils avaient besoin d'elles à la cave...

La cave de la maison... C'est là, dans cette grande pièce à demi obscure, éclairée seulement par en haut de quelques vitres, que se trouvaient les métiers sur lesquels, dix-huit heures durant, tous, au village, tissaient les mois d'hiver...

Après l'école que je fréquentai pendant six ans parce que, étant la dernière-née, j'étais la plus « aisée » et qu'on pouvait m'y envoyer, après l'école, j'eus moi aussi « mon » métier. J'étais même si « petiote » quand on m'y installa la première fois, que l'on dut me fabriquer des patins de bois pour actionner les pédales. Mes jambes étaient trop courtes pour aller au bout...

A quatre heures, c'était le réveil. Une toilette rapide, avec l'eau qu'on allait chercher dans la cour à cinquante mètres de là et où un puits alimentait toutes les familles du coron et hop ! on descendait avec deux lampes à carbure. Pendant ce temps, ma maman allumait le poêle rond qui chauffait la grande salle et qui portait des encoches où nous fourrions nos pieds gelés quand elle nous appelait vers dix heures pour que nous montions prendre notre « café ». C'était long depuis le réveil d'attendre ainsi ce breuvage chaud qui nous semblait délicieux.

Aujourd'hui encore, lorsque j'en bois — du vrai —, il n'est pas meilleur que la chicorée de mes souvenirs. Maman, tout en vaquant au ménage, récurant le sol, grattant la table avec un tesson de bouteille, jetant de la sciure fraîche sur le dallage et faisant bouillir les pommes de terre, maman devait en même temps préparer les trames que nous allions travailler le lendemain. Mes sœurs et moi, nous fabriquions des mouchoirs que nous tissions dans des pièces de toile enroulée. Mon père, qui était fort habile, se réservait, lui, les grandes pièces de lin, difficiles à mener à bout et que l'on appréciait fort à cette époque...

Tous les samedis, l'un après l'autre, en courant, car il fallait perdre le moins de temps possible, nous allions porter nos pièces chez le « traitant », un habitant du coron comme nous, qui collectait le travail et y trouvait son compte.

Aussi loin que je puisse me souvenir, je touchais deux francs à la semaine et lorsque mes mouchoirs n'avaient aucun défaut, ce qui m'arrivait, le « patron » me donnait cinq sous de pourboire... Plus tard, je gagnai jusqu'à cinq francs par semaine. Je rentrais, donnais l'argent à ma mère et mes sœurs partaient ensuite, l'une après l'autre, puis papa, porter leur production...

Avec cet argent, nous n'arrivions pas à joindre les deux bouts. Il nous fallait aller tout l'hiver à crédit. Nous payions au retour de la saison de campagne qui nous emmenait pendant six mois loin de chez nous, dans une ferme de la Seine-Inférieure...

D'abord, mon père cuisait son pain lui-même au four commun du coron... Nous allions chercher un broc de levure liquide à la brasserie voisine et papa achetait sa farine au moulin. Quelle fête quand il cuisait ! Il brassait vigoureusement la pâte qu'il laissait lever. Puis il pétrissait des boules énormes de six livres qu'il poussait dans le four avec une longue pelle. Nous attendions sagement ce qui, invariablement, se produisait à chaque fois. A la lueur des bûches flamboyantes, on voyait par la porte ouverte le visage de mon père s'illuminer, face au four. Puis il souriait et amenait à lui de petites galettes rondes, que nous appelions des « flamiques », qui n'étaient ni plus ni moins que du pain comme l'autre, mais dont la forme était pareille à ces pâtisseries que nous ne goûtions jamais.

Il faisait cuire nos « flamiques ». Les jours de gala, maman mettait dessus quelques oignons. C'était alors la grande fête. Ce fut le seul, mais le plus beau peut-être, de mes desserts d'enfants.

J'aimais bien mon père. Aucun d'entre nous, au cours de sa vie, ne reçut de lui la moindre « beigne ». Il s'imposait à notre respect par une austérité de mœurs que tous les chefs de famille n'avaient pas, hélas, dans ce coron. Le seul luxe qu'on lui connaissait, c'était une pinte de bière lorsqu'il avait fait une bonne semaine — ce qui était rare.

Il élevait rarement la voix et je ne l'ai pas une fois entendu manquer de courtoisie vis-à-vis de ma mère qu'il adorait. Pourtant c'était un homme simple, élevé durement par des étrangers, puisqu'il avait perdu ses parents tout enfant. Il disait, les jours où il était bavard, ce qui ne se voyait guère, qu'il était heureux que nous ne connaissions pas le même sort que lui.

Il ne devenait vraiment intransigeant que sur le plan de la religion. Il vénérait les prêtres et les religieuses. Lorsque celles-ci furent chassées de France, il descendit dans la rue et se cogna avec les gendarmes...

Il lui paraissait scandaleux que l'on pût renvoyer les bonnes sœurs qui, disait-il, « ne faisaient que du bien à tout le monde ». Il fit, pour avoir rossé le brigadier, quatre jours de prison, et encore est-ce parce que le député était venu témoigner en sa faveur à la demande du maire de notre village, qui l'estimait beaucoup. Il aurait pu autrement rester plus longtemps enfermé...

De notre cave, nous remontions vers midi pour manger les pommes de terre et les tartines de fromage blanc. Ce menu était immuable, sauf le dimanche lorsqu'il y avait de la viande. Mon papa nous faisait ensuite sortir une demi-heure dans la cour afin que nous prenions l'air. La cave, en effet, était assez malsaine... Vers treize heures, nous retournions au métier jusqu'à seize heures. Là, nous avions droit à une nouvelle bolée de chicorée, puis redescente jusqu'à dix-neuf heures pour la soupe. Une demi-heure après, nous retournions au travail jusque vers vingt-deux heures.

On ne se faisait pas dire deux fois d'aller se coucher. Pourtant, avant de nous endormir, nous n'oubliions pas de remercier Dieu de ses bontés et, à haute voix, nous récitions le *Notre Père,* comme nous disions d'ailleurs une action de grâces avant de prendre quelque nourriture que ce soit... Maintenant encore, je suis fidèle à cette prière que j'ai pratiquée toute ma vie.

Le dimanche, dès sept heures nous étions debout. Ma mère échenillait toute la famille dans un grand baquet d'eau chaude avec force coups de brosse assaisonnés de savon vert. Puis nous mettions nos habits de fête et nous allions à la messe de huit heures. J'étais toute fière avec ma robe bleue et mon bonnet de toile blanche. Le curé, qui était très vieux, était bien gentil. Il nous demandait de pratiquer la charité et d'avoir du courage...

Du courage, nous n'en manquions pas, mais la charité était plus difficile à faire. Pourtant, s'il fallait secourir plus malheureux qu'eux, mes parents n'hésitaient pas à distraire quelques sous, quitte à se priver dans la semaine qui suivait...

Priver, d'ailleurs, qu'est-ce que ça veut dire ? Nous n'avions pas conscience de manquer de quoi que ce soit. Ce n'est que plus tard, bien plus tard, que j'ai mesuré exactement tout ce dont j'avais ignoré la saveur, la forme.

Les fruits, par exemple... Il n'en entrait jamais un seul à la maison. C'était trop cher ! Même une simple pomme, nous ne pouvions l'acheter. Certains jours de Noël, nous avions parfois une orange que nous appelions le « fruit de paradis », sans doute à cause de son goût qui était pour nous inhabituel et exquis.

C'est à Noël aussi que nous trouvions dans notre boîte à fil, près du métier où nous allions travailler ce jour-là comme les autres, un petit Jésus en pain d'épice que nous grignotions pendant des heures pour faire durer le plaisir. La veille, nous nous couchions tard, très tard.

Au moment où les cloches sonnaient, il fallait nous habiller chaudement et partir dans la neige et le froid vers l'église, pour la messe de minuit.

— C'est la Nativité, les enfants. Jamais vous ne devrez manquer cela, disait papa.

Elle nous paraissait très belle, cette messe. Il faisait chaud dans le chœur, où scintillaient des dizaines de cierges. Et nous allions voir la crèche où un bébé était couché au milieu des moutons, des vaches, des chèvres, que des cultivateurs amenaient là...

Nous revenions émerveillées par ce que nous venions de voir, mais bien fatiguées, traînées par nos parents. Maman faisait chauffer un peu de chicorée. Ça nous faisait du bien...

Et ce qui me frappait en revenant comme ça à la maison, c'était, après les parfums d'encens, les odeurs fades qui flottaient dans la pièce commune, cette odeur que je n'ai jamais oubliée et qui régnait même dans les maisons les mieux nettoyées. Celle de la marne qui brûlait avec le poussier dans le poêle rond. Des années après, elle me prend encore à la gorge à certains moments et ce qui est extraordinaire, c'est qu'elle me fait venir les larmes aux yeux. Quand je la sentais, j'étais heureuse alors, pleinement heureuse.

Un jour, alors qu'il était parti pour cuire son pain, mon père revint à la maison. Il était tout blanc.

— C'est une catastrophe, Marie-Catherine, dit-il à maman, le four s'est écroulé...

Ce devait être en effet un désastre. Maman devint très pâle elle aussi.

— Mon Dieu, qu'allons-nous devenir ?... Comment vas-tu faire, Pierre ?

Mon père était là tout bête, avec son broc de levure et son panier de pâte... Dans le quartier, ça grondait. Une délégation s'était rendue auprès du propriétaire qui avait envoyé promener tout le monde. Il n'avait pas d'argent pour faire la réparation.

— Ce n'est pas avec les cent sous que vous payez par mois pour le loyer, les gars, que je peux reconstruire ça. Débrouillez-vous...

On se débrouilla pour cette fois. Papa alla cuire son pain chez un agriculteur qu'il connaissait un peu, mais ce fut la dernière fois qu'il le fit lui-même. Et en rentrant chez nous le soir, il annonça à maman que nous devrions acheter désormais les boules chez le boulanger...

— Mais ce n'est pas possible, dit maman. Une boule, ça coûte dix-huit sous, et il en faut une presque tous les jours...

Le lendemain, père alla chez le boulanger, l'Arsène, un gros homme toujours blanc de farine. Il n'était pas méchant, l'Arsène, mais son pain, il fallait bien qu'il le fasse payer.

— Alors, dit papa, il m'a proposé une taille.

Une taille, je ne savais pas ce que c'était. En voyant l'air soulagé de maman, je devinai que ce devait être quelque chose d'agréable. Ça l'était à peu près. Ça voulait dire que l'Arsène nous ferait crédit jusqu'au retour de la campagne d'été. Il avait confiance en mon père et cette confiance ne fut jamais déçue. On eut donc du pain tous les jours. Quand nous allions chercher la boule de six livres, nous prenions un bâton. La femme de l'Arsène y faisait une encoche. Puis elle prenait le sien, celui où notre nom était inscrit, et elle le crantait également. Ainsi, quand nous rentrions en octobre, nous payions autant de fois dix-huit sous qu'il y avait d'entailles dans les bâtons...

L'épicier lui, avait un carnet. Il y marquait le sel, le sucre, la chicorée, la graisse, tout ce que nous lui prenions, et on le réglait aussi au retour des travaux aux champs.

Ainsi, ma mère n'avait qu'à acheter les vêtements, nos tabliers, nos bonnets, nos robes et la marne également, que des marchands nous livraient en tombereau et que papa mélangeait au poussier qu'il allait chercher au rabais dans les mines, très loin de chez nous.

— Mais ça vaut la peine, disait-il, les charbonniers sont des voleurs.

Papa avait ainsi un certain nombre d'opinions établies sur lesquelles il était difficile de le faire revenir. Parfois, il n'avait pas le temps de courir vers les crassiers et on devait acheter du vrai charbon. Moi, j'aimais bien parce que pendant ce temps-là, il n'y avait plus dans la maison cette fameuse odeur qui, je ne sais pourquoi, me faisait penser à la mort.

La mort, elle avait rôdé ici il y a longtemps, lorsque je n'étais pas encore née. C'est maman qui m'a raconté lorsque je l'ai questionnée sur les deux sœurs et le frère qui manquaient au total de la famille.

— Il y a vingt-sept ans de ça, Marie. Pendant la guerre de 1870. J'avais ton frère et tes deux sœurs. Nous étions encore plus malheureux qu'aujourd'hui. C'était l'empereur qui gouvernait. Nous avions beaucoup de travail, mais si mal payé que parfois, on n'avait pas de pain. Et puis un jour, on nous a dit qu'il y avait la guerre et ton papa a dû partir soldat. Il alla à Cambrai... Je suis restée seule.

La voix de ma mère grelottait en évoquant cette période. Je lui disais d'arrêter, que ça ne m'intéressait pas... Mais elle poursuivait, en affirmant que je devais savoir :

— Je n'ai pas pu garder ton frère que j'ai mis chez une voisine, bien gentille, qui n'avait pas d'enfant et qui a bien voulu le prendre. Mon pauvre gosse ! Un soir, la voisine est arrivée en hurlant. Elle venait de renverser une cuve d'eau bouillante sur le petit. Il est mort le lendemain. On l'a enterré comme un chien en pleine terre, sans cercueil. Je ne pouvais pas payer et ton père n'était pas prévenu. Il n'a appris la mort de son fils que lorsqu'il est revenu plus tard.

C'était affreux, la mort de ce petit frère que je n'avais

pas connu et que je ne connaîtrais jamais. Pourtant, je ne savais pas le pire...

— Tes deux sœurs sont tombées malades, continuait ma maman d'une voix blanche. Le médecin n'est venu qu'une fois. Il a dit qu'il leur faudrait du bouillon, qu'autrement elles allaient crever. Je ne l'ai pas revu. C'est le maire qui est venu constater les deux décès. Elles sont mortes comme ça doucement, sans bruit. A la fin, je leur donnais le sein pour les soulager, mais je n'avais pas de lait. J'étais enceinte de ta sœur Louise...

Enfin avisé de son triple malheur, papa n'avait pu obtenir de permission. Il se passait de drôles de choses du côté de Sedan et on ne voulait pas laisser partir les militaires. Alors, il avait tout laissé tomber, la caserne, le fusil, et il était parti à la nuit, pour revenir chez lui.

— Quand je l'ai vu arriver un soir, me racontait maman, il était comme fou. J'étais sans un sou. Il a juré qu'il ne repartirait pas avant d'avoir tissé une grande pièce de lin, pour que je puisse vivre pendant quelques semaines en attendant ta sœur. Les gendarmes sont venus pour le chercher. Ils avaient à la main une longue chaîne avec laquelle ils voulaient le traîner derrière leur cheval. Je leur ai dit qu'il était à la cave en train de travailler. Ils sont descendus et quand ils ont vu ton père qui tissait, ils sont restés tout bêtes. Il leur a dit qu'il ne quitterait pas cette cave avant d'avoir fini la pièce et je leur ai expliqué, moi aussi.

» Alors, celui qui avait trois galons a dit : « Je crois que vous êtes un brave homme, Gardez. Promettez-moi que vous repartirez dès que vous aurez terminé. » Papa a donné sa parole et il a rejoint Cambrai. On ne l'a jamais puni. Les gendarmes avaient écrit à son commandant.

Maman parlait encore longuement de cette affreuse période qui fut celle du malheur complet. Père prisonnier dans une île près de Sedan, se sauvant enfin au milieu des Prussiens qui grouillaient dans la région. J'ai souvent pensé que c'est pour tout cela que j'aimais mes parents. Ils avaient souffert plus qu'il n'est possible de le raconter. Pourtant, ils étaient toujours heureux, parce que sans doute ils s'adoraient, comme moi, plus tard, j'ai adoré mon mari...

Ils ne savaient ni lire ni écrire, et n'avaient aucun contact avec l'extérieur. La radio était inconnue, bien sûr, les journaux étaient chers et encore fallait-il pouvoir les déchiffrer. Pourtant, ils avaient tous deux une vive intelligence, un grand bon sens, et leur bonté pour nous était sans bornes...

Depuis que j'avais appris comment étaient mortes mes deux aînées, je n'osais plus me plaindre ni rien réclamer. Du moment que j'avais du pain à manger, cela me semblait déjà bien beau. Comme disait papa, il y avait des quantités d'enfants et qui manquaient de tout ! Aussi étions-nous très sincères, avant chacun de nos humbles repas, quand nous remerciions Dieu de nous les procurer...

Pour mon sixième anniversaire, maman m'embrassa comme elle faisait chaque année pour marquer l'événement et elle m'annonça que j'allais aller à l'école. Il y avait eu un conseil de guerre entre mes parents pour cette décision.

— Les autres n'y sont pas allés, dit papa. Elle est la dernière, il faut que nous fassions un effort. Qu'elle apprenne l'alphabet et la table...

C'est au lendemain de Noël que, pour la première fois, je me rendis en classe à l'école des sœurs. Sans sœurs depuis qu'on les avait chassées. C'étaient des demoiselles du château qui faisaient les cours. Papa n'avait pas hésité pour ce choix. Il avait refusé tout net la « communale » que nous appelions « l'école du coin »...

Chaque famille au village envoyait ainsi ses enfants à l'une ou à l'autre, selon ses convictions politiques et religieuses. Comme le nombre des élèves était de part et d'autre assez restreint, on voyait vite quelles étaient les opinions majoritaires...

Chez « les sœurs », nous étions une dizaine, les autres étaient cinq ou six... Nous ne nous fréquentions pas, même hors de classe. Sur le « communau », la place herbeuse près de l'église, nous jouions chacune de notre côté et les jours de première communion, c'étaient les élèves des « sœurs » qui avaient la priorité dans le cortège.

Nous faisions un peu de calcul, un peu de lecture et nous apprenions le catéchisme. J'aimais bien mon école, une petite pièce du presbytère où il faisait très chaud, et les demoiselles du château étaient fort gentilles. Parfois, elles apportaient un peu de lait. Ainsi se passait l'hier. Le printemps venu, quand nous quittions Avesnes pour la campagne, papa, comme les autres chefs de famille qui « émigraient » eux aussi, prenait contact avec l'école religieuse de l'endroit où nous allions, toujours dans la Seine-Inférieure, et là je recommençais les cours.

Ça dura ainsi quatre années, qui furent les plus belles de mon enfance. Puis un jour, papa m'annonça que j'en savais assez et qu'il fallait, comme mes deux sœurs, que je me mette au métier…

C'en était fait des grasses matinées où je me levais à sept heures. Je commençais un apprentissage bien dur pour moi, qui étais haute « comme une tiote botte ». Huit ans durant, puis plus tard encore, étant mariée, je vins prendre ma place dans la grande cave à demi éclairée de la lueur des lampes à carbue, qu'on remplaça un jour par des lampes à pétrole…

Dans la cave, il y avait quatre « métiers », deux d'un côté et deux de l'autre. L'un était réservé à papa et mes sœurs et moi, nous travaillions sur les trois plus petits…

Ces deux sœurs, Emérance et Anatolie, étaient les seules qui restaient à la maison. Mon frère Léandre était marié et toutes les autres aussi. Elles se prénommaient Louise, Zulma, Palmyre, Lucie, Edwige, Espérance…

A part Lucie, qui habitait le même village que nous, je ne voyais guère le reste éparpillé dans la région, et toutes mariées à des saisonniers. Elles n'avaient guère de loisirs, les pauvres, et il n'était pas fréquent qu'elles se rendent en visite… Après la guerre, elles furent dispersées et je n'en revis jamais aucune. De temps à autre, une lettre m'annonçait que l'une d'elles venait de mourir. Etant de vingt ans leur cadette, je ne les avais guère vues.

Ainsi passèrent les années d'enfance, sans autre joie que celle de la compagnie de mes parents. Elles ne furent vraiment marquées que par le jour de ma première communion. Oh, ce fut un jour comme un autre, mais si beau que je m'en souviens encore.

Juste avant la messe, le parrain arriva. Il m'apportait un petit tablier et la marraine, elle, m'offrit un coupon pour me faire une robe. On m'avait mis un voile blanc sur la tête et on me donna un cierge, un gros cierge chargé de dorure que je ne gardai qu'un instant. Juste celui du défilé… Après la cérémonie, nous revînmes à la maison et papa offrit à tous de la bière. Puis le voile qui avait servi à mes sœurs et qu'utiliseraient plus tard mes nièces, fut soigneusement plié et garé dans l'armoire, entouré de papier de soie. Et on redescendit à la cave pour travailler en attendant les vêpres…

En revenant, ma mère me laissa mettre mon tablier neuf. Ce fut la grande joie de cette journée. J'avais onze ans. C'était en juin 1901, juste avant notre départ « en campagne »…

## Chapitre II

A la fin de la saison d'hiver, nos longues journées à la cave devenaient de plus en plus pénibles. Mes sœurs et moi, moi surtout avec mes petites jambes, avions beaucoup de mal à actionner les pédales qui faisaient aller et venir le chariot du métier à tisser. Vers les dix heures du soir, au moment d'aller se coucher, papa était souvent obligé de me prendre dans ses bras. Je ne pouvais plus « arquer » et j'avais à peine la force d'avaler ma chicorée chaude.

Nous dormions à poings fermés et mes jambes engourdies me faisaient souffrir encore le lendemain quand je me levais.

Ces semaines-là, pour nous encourager, papa chantait. Il avait une très belle voix, mais il aimait bien se faire prier avant de commencer. Aussi, on jouait une petite comédie avec mes sœurs pour l'obliger à se mettre en route. On se plaignait plus qu'on n'aurait dû. Alors, mon père disait :

— Ah ! petites fainéantes, vous vous écoutez trop. Allons, du nerf, que diable ! La semaine ne sera pas grosse si ça ne va pas plus fort que maintenant. Allez… Allez… du courage. Tenez, mes « tiotes », je vais vous chanter quelque chose.

Et il commençait enfin. Je me souviens. Elles étaient très

belles, ses chansons. Il y en avait une que papa aimait bien. Peut-être à cause de son titre : *Les tisseurs de rêve*. Je ne l'ai presque plus jamais entendue, sauf une fois après la guerre. Elle disait :

*Les rêves des enfants sont tissés de soie blanche*
*Ils vont puiser la vie au sein lourd des mamans*
*Ils y crispent leurs doigts et quand leur soif s'étanche*
*Ils ferment leurs grands yeux sur des songes charmants...*

Et puis il y avait *Le temps des cerises*. Papa disait que son auteur dont je ne me rappelle que le prénom, Jean-Baptiste[1], comme le mari d'une de mes sœurs, était un « sanglier » comme lui, un vrai Ardennais.

Un passage me frappait beaucoup : « Les belles auront la folie en tête. » Ça me tracassait... Je cherchais pourquoi les belles devenaient folles et je questionnais mon père qui me répondait en riant : « Tu le sauras bien assez tôt. » Ce qui coupait court à tout. Mais la chanson que mes sœurs et moi, on préférait par-dessus tout, c'était celle des lilas :

*Quand les lilas refleuriront*
*Au vent les capuchons de laine*
*Et robes rouges nous mettrons*
*Quand les lilas refleuriront*
*Sur le tapis vert de la plaine*
*Nous irons tous danser en rond*
*Quand les lilas refleuriront*
*Aller dire au printemps qu'il vienne...*

Nous attendions avec impatience la venue du beau temps et notre départ « en campagne » pour, nous aussi, « aller danser en rond » dans l'une des grandes plaines où nous allions vivre pendant plus de six mois.

Notre existence était ainsi coupée en deux. Ce n'est pas que la vie aux champs qui nous attendait fût beaucoup plus agréable que celle que nous connaissions l'hiver, mais nous

1. Jean-Baptiste Clément, né à Charleville.

l'espérions avec impatience, car nous étions alors au grand air.

C'était un bien long voyage pour arriver en Seine-Inférieure où nous allions. Nous payions quatre francs par personne pour le chemin de fer et je me souviens que nous changions au moins deux fois de train en route.

On m'a souvent demandé pourquoi nous ne restions pas à travailler dans les fermes de la région où nous habitions. Ce n'était pas possible parce qu'elles n'étaient pas suffisamment importantes. Aux environs d'Avesnes, les champs étaient minuscules, très morcelés, et les fermiers vivaient avec peine de leurs cultures. La preuve en est qu'ils se trouvaient obligés de temps à autre d'abattre une bête, de la débiter et de la vendre pour joindre les deux bouts.

Il nous fallait donc « émigrer » ainsi dès le mois de mai... Pour nous, les gosses, c'était une joie que ce changement vers d'autres cieux, mais pour mes parents, quel « aria » ! Il fallait préparer les bagages. Chacun son balluchon de linge, plus ou moins gros, selon la taille du propriétaire.

Papa et maman étaient chargés comme des baudets. Maman fourrait dans son corset une petite bourse en toile grise où elle mettait les économies de la famille, rarement plus de trois ou quatre francs, tout ce qui restait quand on avait acheté les billets de chemin de fer. Parfois, il fallait emprunter pour les payer et nous envoyions un mandat à l'arrivée quand les fermiers de Saint-Martin nous remboursaient le voyage qui était à leur charge.

Bien que notre désir de respirer le « bon air » fût très fort, nous avions tout de même le cœur gros de quitter notre maison. Avant de partir, on avait fait le ménage à fond.

Les paillasses étaient repliées, le poêle récuré soigneusement, prêt à fonctionner à notre retour, et les briquettes de poussier et de marne s'empilaient jusqu'au plafond. Elles sécheraient là tout l'été dans la grande pièce abandonnée.

Jusqu'à la veille du départ, on entendait le claquement des métiers à tisser. Il fallait se hâter de terminer les pièces et d'aller les livrer vite, vite...

A cinq heures le lendemain, tout le monde secouait ses

puces et c'était pareil dans beaucoup de maisons du coron. Toutes les familles partaient ensemble, ou presque, vers les grandes fermes de Normandie. Elles y étaient attendues. La plupart, celles comme le nôtre, qui étaient sérieuses et travailleuses, retournaient chez le même patron d'une année sur l'autre. On ne faisait pas dans ces temps-là des paperasses comme aujourd'hui… La parole donnée était aussi sûre qu'un contrat signé. Bien entendu, il ne fallait pas être trop gourmand pour la paye. Mais on gagnait un peu plus en travaillant moins longtemps.

C'est un long défilé qui se dirigeait à pied vers la gare la plus proche, à Cambrai, à douze kilomètres. Il passait bien tous les matins devant chez nous un voiture fiacre que nous appelions « la malle », mais ça coûtait trop cher et papa disait :

— Quand on a la chance d'avoir de bonnes jambes, il faut savoir s'en servir. Les voitures, c'est pour les riches, mes " tiotes " ; ça vous fait le mollet rond de marcher et plus tard, vous trouverez plus vite un bon mari…

On allait donc avec le balluchon au bout d'un bâton et ça semblait long, bien long, avant que l'on aperçoive au loin la haute tour du clocher de la ville.

Enfin, on arrivait pour s'installer dans la salle d'attente où l'on devorait les deux tranches de pain garnies de fromage blanc que ma mère avait préparées. Tout ça arrosé d'un bon coup d'eau claire qu'on allait lamper à la fontaine de la gare, dans la cour des marchandises.

Et puis, le train arrivait en sifflant. Chaque père de famille installait au mieux sa nichée et on partait la tête instinctivement tournée vers notre village déjà loin là-bas, partagés entre la joie de la campagne qui nous attendait et la peine de laisser la maison.

Avay, c'était un village de Seine-Inférieure qui se serrait autour de son église et de son cimetière. La ferme de Saint-Martin où nous allions travailler était à environ un kilomètre et nous étions bien contents que ce ne fût pas trop loin à cause de la messe et des vêpres du dimanche. En pleine moisson ou à l'arrachage des betteraves, il nous arrivait pourtant de manquer les offices, la tâche était trop pressante. Le curé disait à mon père qui s'excusait, que Dieu aime mieux les courageux qui ratent la messe parce qu'ils sont à l'ouvrage que les fainéants qui y viennent parce qu'ils ne savent pas quoi faire de leurs dix doigts. Néanmoins, papa n'aimait point ne pas pouvoir aller à l'église le dimanche. « Il me semble qu'il me manque quelque chose pour que ma joie soit complète », disait-il à maman.

La ferme de Saint-Martin était vaste, très vaste. Plus tard, elle le devint beaucoup moins à mes yeux. Je compris que ce n'était pas elle qui rapetissait, mais moi qui grandissais. J'ai remarqué ainsi que les lieux où nous avons vécu enfants et que nous revoyons plus tard nous paraissent différents. On les croit changés ; en réalité, ce n'est pas eux, mais nous qui changeons.

Dès que nous descendions des charrettes à quatre roues qui étaient venues nous chercher à la gare de Dieppe, il fallait aller s'installer dans le logement qu'on nous prêtait et où nous allions vivre sept mois. C'était plus petit qu'à Avesnes, chez nous. Les lits étaient serrés les uns contre les autres et chaque famille habitait une pièce unique.

Quelquefois, il y avait un poêle à bois, d'autres fois une cheminée. Maman allait tout de suite dans ce coin-là, qui était important pour elle. Elle y faisait cuire les légumes du repas. Ces légumes, comme le pain et le fromage, il fallait les acheter. Les fermiers, eux, nous fournissaient midi et soir une gamelle de soupe, une bonne soupe bien grasse où l'on trouvait de temps en temps de petits morceaux de viande.

C'était bien bon mais, malheureusement, on n'en trouvait pas souvent.

Avant mon mariage, nous étions cinq à travailler : mon père, ma mère, mes sœurs Emérance et Anatolie et moi. D'autres familles étaient plus nombreuses. Sept ou huit enfants allaient aux champs, certains tout petiots. Papa disait que c'était honteux de mettre au travail des gamins de cinq ou six ans.

— Il y a un temps pour tout dans la vie, soulignait-il. Ce n'est pas parce qu'on a soi-même commencé de bonne heure avec des coups de pied dans les reins qu'il faut en faire autant avec ses propres mioches.

Avec nous, il attendait que nous ayons onze ans. Il disait

que c'était déjà bien beau comme ça.

Le domaine de Saint-Martin, où nous étions ouvriers, ne produisait que du blé et des betteraves. Il appartenait à une grande compagnie de Paris qui en possédait plusieurs en France. Nous, on ne voyait que le régisseur qui n'était pas méchant. D'ailleurs, pour la plupart des travaux, ça ne le regardait pas. On était payé à la tâche, comme pour la moisson. Plus on en faisait, plus on gagnait. Et chacun, dans la famille, devait travailler son propre bout de terrain.

Les betteraves, au début, pour le « démariage », étaient payées au rayon, puis au poids à l'arrachage. Le blé était réglé, lui, à la botte, qui faisait deux javelles. Il n'y a que pour le travail à la cour ou pour l'épandage de gadoue que l'on nous rétribuait à la journée.

Nous touchions l'ensemble de la paye en partant en novembre, ce qui faisait une masse d'argent importante et telle qu'on n'en voyait pas souvent autant à la fois. On était obligé à certaines saisons de demander de petits acomptes avant la date pour régler les légumes, le pain et la graisse. Dans les familles qui aimaient le luxe, les acomptes étaient nombreux et elles ne recevaient pas grand-chose au départ.

— Quand on boit du vin, qu'on fume, c'est forcé, on ne peut pas y arriver, disait papa. Et puis, il faut aussi avoir la chance d'avoir une épouse économe, ce qui n'est pas le cas de beaucoup, ajoutait-il.

A ce compliment indirect, le seul qu'il lui faisait, maman rougissait sous son bonnet tuyauté. Elle recevait ainsi, simplement, le plus beau cadeau que son mari pût lui offrir.

Cette année-là, comme les autres, et l'installation terminée, on se mit dès le lendemain à six heures au travail. On pouvait alors mesurer l'étendue des cultures ; des champs se déroulant à l'infini, et marqués en ce début de mai d'une fine herbe verte. Celle des blés ondoyant au loin, et que nous allions devoir, à l'aide d'une « houette » débarrasser de leurs chardons. Tranchés d'un coup sec, ceux-ci crachaient alors, par leur tige coupée, une espèce de lait verdâtre, « qui était bon pour les coliques », disait maman.

En même temps que nous, Marcel le géomètre était arrivé, dans le grand cliquetis des tiges emmêlées de sa chaîne de fer de cent mètres. Et il avait arpenté chaque morceau de champ à déchardonner.

Quand nous avions fini ce morceau, trois, quatre ou cinq jours après, le régisseur passait pour vérifier le travail et relever le numéro du champ et la parcelle de chacun. Alors, nous savions qu'on venait de gagner quarante sous. Mais il fallait que tous les piquants fussent bien couchés. S'il en restait un, il criait fort, le régisseur.

Dans certaines familles, on l'avait surnommé « le gros brailleux ». Je remarquai que, sur nos lots à nous, il ne disait jamais ien. A perte de vue, il restait rarement un chardon debout. C'est que papa nous faisait comprendre que, quoi qu'on fasse, il faut le faire bien. C'est sans doute pour cela que la compagnie nous a employés toute notre vie, mes parents, puis mon mari et moi, sans que jamais nous recevions le moindre reproche, les uns ou les autres.

Pourtant, c'était bien dur pour une fillette, ce genre de travail ! Quand je voyais devant moi le lot qui m'était attribué, il me semblait que je n'en verrais jamais le bout tant les rayons étaient longs... longs...

Quand on arrivait à l'extrémité, il fallait revenir et ainsi de suite, en se relevant le moins possible. Il arrivait parfois que je m'interrompe un peu pour regarder un oiseau, ou observer un crapaud immobile devant moi, et me fixant de ses yeux cerclés d'or. Ils m'impressionnaient, les crapauds. Il me semblait qu'ils étaient là pour me surveiller.

Papa, d'ailleurs, ne tolérait pas les longues rêveries. Il me rappelait à la réalité. « Ta sœur va finir son lot avant toi si tu paresses comme ça tout le temps », criait-il. Il ne le disait pas méchamment et son ton ne comportait aucune colère. Il le disait simplement et ça suffisait pour que ma « houette » recommence à trancher les tiges vertes, d'un coup net.

Vers dix heures, tout le monde s'arrêtait un peu. On prenait dans son sarrau un bout de pain garni de fromage blanc, que maman tirait du petit lait qu'on lui vendait à la ferme. On faisait glisser le tout avec une gorgée de chicorée tiède, bue au bidon de papa, et on recommençait jusqu'à midi.

La chaleur, la pluie ne nous interrompaient même pas, sauf s'il pleuvait trop fort ou bien s'il y avait de l'orage.

Le paysan n'aime pas l'orage... Les éclairs et le tonnerre,

accompagnés du déluge qui ravage les récoltes, lui apparaissent comme une manifestation de la colère du ciel qu'il ne fait pas bon braver...

Mon père en avait une peur bleue et, dès le premier coup de foudre, il nous faisait courir à l'abri en abandonnant surtout immédiatement les outils métalliques. Son papa était mort comme ça en fauchant sous le tonnerre. Une longue ligne bleutée chargée d'électricité avait touché la pointe acérée de la lame, et pour avoir défié l'orage, le grand-père avait été foudroyé.

On n'avait retrouvé de lui qu'un petit tas de cendres et ses sabots noircis. Tous les ans, papa racontait l'histoire aux autres qui éprouvaient une frousse épouvantable.

Aussi, dès que ça tonnait, c'était la panique. Les gens de la compagnie ne disaient rien, quand le travail était ainsi arrêté. Ils avaient eu des ouvriers tués comme ça et ça leur coûtait cher. Il fallait qu'ils donnent de l'argent à la veuve, jusqu'à cinquante francs, il paraît...

Après les chardons, jusqu'à fin mai, on allait dépierrer les champs de blé, ces mêmes champs où nous venions de passer les semaines précédentes. On ramassait les cailloux qui risquaient d'émousser le tranchant des faux. On les mettait dans une hotte qu'on portait sur le dos et qu'on vidait dans les chemins voisins où ils empêchaient les chars à bœufs de s'enliser en période humide.

Ça aussi, c'était long, fatigant et monotone. Quand on arrivait en fin de champ, le chemin était loin et il fallait, en trébuchant sous le poids de la hotte, sauter les sillons et ne pas trop marcher sur les pousses tendres et vertes. On ne voulait pas les piétiner, ces pousses ! On savait qu'elles deviendraient à l'août de bons gros épis pleins de grains et qui se transformeraient en farine, et en pain. Et le pain, c'est bon et rare...

Ce travail de cailloux n'était pas payé cher, mais on n'était pas pressées, mes sœurs et moi, de finir parce que, après, ce qui nous attendait était encore moins drôle... Papa n'était pas gai non plus quand il nous annonçait la veille au soir :

— Demain, mes “ tiotes ”, on commence la gadoue.

La gadoue, quel cauchemar ! De tout ce que j'ai dû faire

ma vie durant, rien ne m'a vraiment coûté... Sauf ça. Dès le matin, les chars à bœufs arrivaient en long cortège... lentement mais sûrement. Ils étaient partis en pleine nuit à la gare de Dieppe chercher leur chargement d'ordures ménagères qui arrivaient par trains entiers de Paris. Ensuite, ils revenaient paisiblement jusqu'aux champs, où nous les attendions. Là, ils quittaient les chemins et, le cou tendu, les yeux hors de la tête, ils tiraient les lourds tombereaux dans les terres labourées, aiguillonnés par leur bouvier qui les encourageait de la voix :

— Ah oua, mon gros Clairon ! Allons, dia Alexandre, mon bon !

Rapidement, les charretiers faisaient sauter la goupille qui libérait la barre de bois et le tombereau basculait son contenu de résidus malodorants en un énorme tas dont il semblait que nous ne viendrions jamais à bout. Avec des fourches, on éparpillait tout ça aux alentours.

Pour cela, toute la famille travaillait ensemble. Chaque charretée paraissait ainsi s'étaler plus vite.

Quand nous rentrions fourbues, il nous restait à subir encore l'épreuve de la pompe. Maman nous lessivait dans le bac même au savon vert, pour faire disparaître les longues traces malpropres qui garnissaient nos petites jambes. Malgré ces soins, notre soupe du soir était moins bonne.

Nous ramenions avec nous une odeur affreuse de « gâté », de pourriture, dont, longtemps après que nous avions terminé cette besogne infecte, nos narines étaient encore pleines.

Lorsque c'était fini, papa disait à maman :

— Allons, Marie-Catherine, on a bien travaillé ; avec la gadoue, on paiera les « tailles » du boulanger en rentrant.

En effet, on gagnait plus à « répandre » et nous étions tout de même heureuses dès lors qu'on venait de contribuer à payer les boules de six livres.

Et ces soirs-là, en se lavant dans un grand baquet, derrière deux sacs cousus, papa chantait à tue-tête :

*Quand il reviendra le temps des cerises*
*Et gais rossignols et merles moqueurs*
*Seront tous en fête.*

Nous retrouvions avec joie l'air vif des champs, bien que ce qui nous attendait ne fût pas de tout repos non plus : il fallait démarier les betteraves. D'interminables sillons où on ne laissait que la plante la plus robuste et la mieux centrée pour que, terminé, le rayon fût droit comme un i.

Chaque rayon nous rapportait trois sous. On pouvait en faire par jour jusqu'à quatre, mais sans s'amuser à regarder les mouches en route ; c'est-à-dire courbées presque sans cesse sur le sillon, un pied de chaque côté et la binette à manche court fouillant vivement le sol. Elle laissait derrière elle les victimes du démariage, les petites plantes moins grosses que les autres et moins bien placées...

Moi, j'avais trouvé un moyen pour me distraire. Je comptais cinq fois dix avant de me relever, mais c'était dur les premiers jours. J'éprouvais l'impression qu'on m'arrachait les reins avec une grosse tenaille et, au creux de mes jarrets, je sentais comme un fer rouge. Ça durait bien la semaine comme ça, avant que le corps ne s'habitue à cette gymnastique forcée.

Le soir, nous nous étendions sur notre matelas de menue paille, comme des bouts de plomb, raides, douloureuses, incapables de remuer et même de quitter nos vêtements...

Alors, papa ou maman venait avec le bol de soupe, nous prenait la tête tout doucement et nous faisait boire à la cuiller le liquide chaud. Ah ! comme c'était bon, la soupe, ces soirs-là ! Toute cette tendresse de nos parents nous pénétrait d'un grand bonheur, et, la prière faite, nous nous endormions heureuses et repues, d'un seul bloc...

Au fur et à mesure que le soleil, dès l'aube, se faisait plus vif, que le ciel bleu, dès dix heures, semblait chauffé à blanc, petit à petit, approchait le temps de la moisson.

Quelques jours avant arrivaient à la ferme de grands gaillards velus, parlant et riant fort : c'étaient les faucheurs, venus des Flandres, avec leur sac où ils transportaient leurs propres lames, luisantes comme de l'argent. Ils les repassaient d'un geste large sur la pierre à aiguiser qui trempait dans une corne pleine d'eau, attachée à leur ceinture.

Non seulement ils apportaient leurs faux, mais aussi les manches de bois formés à leurs mains, et qui brillaient comme des meubles bien cirés.

L'un des faucheurs avait expliqué à papa que ces outils étaient précieux. Sans sa propre faux, le meilleur d'entre eux devenait malhabile. Il fallait qu'il trouve, en balançant l'outil, avant de commencer, le renflement dans le bois, que la paume gauche épousait, tandis que les doigts de la main droite venaient s'encastrer dans les petits dénivellements que les heures de travail y avaient marqués.

Nous étions surpris par la vie des faucheurs, toujours prêts à la gaudriole, à ce point que les saisonniers n'aimaient pas trop laisser leurs femmes et leurs jeunes filles sans surveillance, lorsqu'ils rôdaient dans la cour.

A la ferme, ils logeaient tous dans la même grange, couchant dans la paille. Le matin, ils venaient se laver et se raser à la pompe, s'aspergeant le torse d'eau, tout en chantant. Ils chantaient beaucoup et mangeaient de même. La ferme les nourrissait et on était stupéfaits de les voir avaler autant en un seul repas.

Le matin, c'étaient de larges bols de café au lait avec du pain et du fromage, dès le lever. A huit heures, ils prenaient une épaisse soupe bouillante puis, à dix heures, des tartines de pain et de viande arrosées de bière.

A treize heures, leur déjeuner se composait de lard, de pommes de terre bouillies, de fromage en énorme quantité, et d'un pot de café fumant. L'après-midi, vers quinze heures, ils revenaient à la ferme pour « l'émiettée » : des pains entiers coupés dans d'énormes saladiers de lait cru. Et à vingt-deux heures, à la fin du travail, ils dînaient avec, cette fois, de la viande, des œufs, du bouillon.

Pour nous qui n'étions pas habitués à un pareil régime, c'était une vraie débauche.

Mais il faut dire que faucher est un travail pénible et difficile. Les fermiers le payaient bien, parce que, disaient-ils, « un bon faucheur n'est pas facile à trouver ».

Ils étaient solides comme des rocs, ces grands hommes blonds et rieurs. Le soir, dans la cour, après le dîner, tout en fumant leur pipe, ils trouvaient encore la force de chanter des airs de leur pays, d'une voix rude et joyeuse.

Mon père les estimait, les faucheurs. Il admirait leur courage ; et pourtant, lui-même n'était pas fainéant. Il leur reprochait simplement d'être portés à la plaisanterie avec les femmes, ce qui ne lui plaisait guère.

Bien qu'ils se couchassent tard, les faucheurs étaient exacts et fidèles au poste le lendemain. Dès l'aube, en bataillon, sur un rang, ils étaient tous là sous le soleil déjà fort. Et, au signal du maître d'équipe, ils partaient face à l'immensité blonde et mouvante qu'ils allaient coucher. Devant eux, les faux dansaient d'un mouvement continu en un étrange ballet luisant, tranchant les épis dans un curieux sifflement.

De temps en temps, ils s'arrêtaient ; et les pierres d'émeri résonnaient, claires, sur le métal dont chaque faucheur biaisait le fil à sa guise. Ensuite, le ballet reprenait, les faux rajeunies sifflant de plus belle et continuant leur œuvre de destruction dans les épis lourds et dorés.

Ah ! les faucheurs ! je les ai bien regrettés quand ils sont partis pour ne plus revenir, chassés par l'énorme bête mécanique que je vis arriver bien plus tard devant moi. Elle en remplaçait dix, de ces hommes-là, mais elle ne chantait pas.

Et moi derrière, j'étais assourdie par le bruit des couteaux allant et venant, et écœurée par l'odeur de l'huile que le conducteur versait dans les flancs peints en vert de la curieuse machine.

Dans l'instant nous, les saisonniers, nous suivions les faucheurs. Parfois, le « mien », celui qui me précédait, se retournait vers moi après avoir aiguisé sa lame et il souriait sous sa moustache blonde :

— Godfordom ! tu n'es pas grande, sais-tu, pour un travail comme ça !

Et il me semblait qu'il allait parfois moins vite, exprès, afin de me donner le temps de le rattraper. Tout le blé qu'il venait de coucher, je le prenais à grosses brassées, qu'on appelait des javelles. Avec deux javelles, on faisait une botte qu'on liait et traînait vers un tas qu'on gerbait pour qu'il sèche.

Nous faisions vite pour ne pas trop nous laisser distancer par les grands diables qui étaient devant et allaient bon train dans le crissement sifflant très particulier de l'acier sur la paille. Quand je pouvais rattraper « mon faucheur », j'étais bien heureuse.

C'était entre nous une espèce de jeu qui me flattait. Je

n'étais pas grosse ni grande pour mes treize ans, mais j'imaginais que peut-être, s'il ralentissait, c'est parce qu'il était amoureux de moi ! Le pauvre, il était bien loin d'une pensée pareille, sans doute, mais ce petit roman me rendait mon travail moins pénible.

Il arrivait que je fusse si près de lui que je sentais une puissante odeur de sueur qui s'échappait de son torse nu et noueux. Et quand je soufflais un peu, je regardais ses muscles rouler avec le mouvement de la faux, dans une harmonie parfaite avec l'outil. Puis, brusquement, honteuse de l'observer ainsi, je me penchais vivement en rougissant pour reprendre le gerbage. Ces émotions annonçaient, je le compris bientôt, un événement qui survint cette année-là.

Un matin, en m'éveillant, je me découvris pleine de sang. Affolée, j'appelai ma mère. Je me croyais malade et atteinte d'une hernie qui venait d'éclater à la suite d'un effort ! Maman eut toutes les peines du monde à me rassurer. « Pour tes sœurs aînées et moi, c'est pareil régulièrement », me dit-elle. Mais je ne voulais pas la croire. Alors, pour la première fois, elle me fit une confidence que d'ailleurs je ne compris pas bien, sur l'instant.

— Tu sais bien que chaque mois, ton papa ne couche pas dans le lit mais dort par terre, roulé dans une couverture.

Ça m'avait intriguée souvent, et papa disait alors que c'était bon pour les rhumatismes de dormir à même le sol.

— Quand ton père se couche ainsi, c'est que je suis comme tu es aujourd'hui, ajouta maman. Et ça te reprendra tous les mois, sauf si un jour tu attends un enfant.

Tout ceci n'était pas très clair dans ma tête de gamine, mais je me laissai finalement convaincre. Je m'aperçus d'ailleurs que ce n'était pas désagréable puisque, pour cette première indisposition, on me permit de rester au lit toute la journée.

C'était au moment de l'arrachage des betteraves et, je m'en souviens, il pleuvait fort. D'abord, je fus contente d'être à l'abri ; puis, au fur et à mesure que les heures s'écoulaient, tristes et vides, je fus honteuse d'être là à me dorloter, alors que papa allait devoir faire mon travail.

L'arrachage des betteraves, tout comme le binage, était pénible, le premier surtout, parce qu'en septembre, le mauvais temps se fait plus fréquent. Nous arrachions les betteraves à la main. On ne connaissait pas encore les machines qu'on voit maintenant et qui les sortent de terre avec une facilité enfantine.

Nous, nous les prenions par la tige et on les jetait en les balançant pour prendre de l'élan, parce que c'était lourd, dans les chars à bœufs qui suivaient. Toute la journée comme ça, c'était éreintant ; mais, avec l'épandage, c'était le mieux payé.

Quand il faisait franchement mauvais, on rentrait à la ferme. Les hommes, alors, travaillaient dans la cour, à des réparations, du bricolage ; et nous, les gosses, on aidait à l'étable ou à la cuisine.

Dès que l'arrachage était fini, mes parents « descendaient » comme les autres à la sucrerie d'Avay, pour le lavage des betteraves et le charriage de la pulpe. Les gosses restaient à la ferme, certains à la lessive, d'autres à éplucher les légumes des soupes, pour les domestiques à l'année, qui étaient nombreux.

Papa et maman rentraient de la sucrerie exténués par le travail et par le trajet, un raccourci à travers bois dans des sentiers déformés. Mais ils ne disaient rien, ne se plaignaient jamais. Simplement, leur visage se creusait davantage de fatigue.

Et le soir, à la lueur de la lampe qu'on était, à la fin du séjour, obligés d'allumer, ils n'étaient guère bavards, moins encore que d'habitude, ce qui n'est pas peu dire.

Quand j'y repense, à mes parents, c'est probablement ce qui m'étonne le plus : le peu de paroles qu'ils prononçaient dans une journée.

Papa disait que les mots sont souvent inutiles. Il ajoutait, en ces rares jours où il se laissait aller à des confidences, qu'il était superflu, lorsque dehors il pleuvait, de dire en rentrant : « Il pleut. »

— Ça me fait perdre mon temps. Je le sais bien qu'il pleut, par Dieu ! Je ne suis ni sourd ni aveugle, grommelait-il.

Quand je vois ce qu'aujourd'hui, on peut bavarder en famille, je suis étonnée. Même les enfants parlent en mangeant, ce qui nous était rigoureusement interdit après la prière. Pour avoir du pain ou de l'eau, nous levions notre main et on claquait discrètement le pouce et l'index.

A la fin novembre — nous repartions en général le jour de ma fête, à la Sainte-Catherine — la ferme, si éclatante de verdure en mai, était devenue sinistre. Ses longs bâtiments balayés sans cesse par une bise aiguë nous glaçaient. Dans les champs régnait la désolation. Nous y retournions une fois avant le départ. Les terres où nous avions travaillé étaient labourées en gros sillons noirs, tristes sous le ciel gris, et où les corbeaux sautillaient gauchement. Quelquefois, il y avait de la neige, une immensité blanche qui recouvrait tout, champs, sentiers, taillis et route. On ne s'y reconnaissait plus.

Dans la pièce d'habitation, il fallait économiser le bois du petit poêle. On nous en donnait cinq rondins par jour et ils étaient vite brûlés. Heureusement, ce n'était pas grand et, tous ensemble, on se tenait chaud.

On ne restait pas longtemps en veillée, d'ailleurs. Dès qu'on avait avalé la soupe, on se couchait. Papa, en soufflant la lampe, disait que dans le noir, on se trouve bien, on ne voit pas la couleur de ses idées.

Nous étions donc aussi contents de partir que nous l'avions été d'arriver. La bourse de toile de maman, dans son corset, était toute gonflée de l'argent qu'on recevait la veille du départ.

On allait chez le régisseur et on vérifiait les comptes. Il appelait : « Famille Gardez », et il énonçait tout ce qu'on avait fait. Papa, qui ne savait ni lire ni écrire, me faisait marquer tout notre travail sur un petit carnet. Jamais nous n'avons eu la moindre discussion. Les calculs du régisseur étaient toujours semblables aux nôtres.

Mais avec d'autre familles, ça allait moins bien. Il y avait des hommes qui ne tombaient jamais d'accord avec le régisseur qu'ils accusaient de les voler.

— C'est toi qui veux me voler, mon gars ! répondait l'autre.

Et sur tout ça, on entendait un bruit qui ne nous était pas familier. Celui des pièces d'or ou d'argent qui passaient en tintant d'une main dans l'autre, et qui disparaissaient dès qu'encaissées dans les sacs ou les porte-monnaie.

Quand nous venions à la paye, le régisseur avait des tas

de pièces devant lui. Et au fur et à mesure que les familles défilaient, les piles diminuaient, diminuaient, jusqu'à temps qu'il n'en restât plus.

Alors, certains qu'il n'y avait plus rien à ramasser, on partait préparer les balluchons.

Et le matin à l'aube, les chariots embarquaient tout le monde pour la gare ; et, par le train, on refaisait le voyage en sens inverse... Là-bas, la maison et sa cave nous attendaient...

# Chapitre III

Notre retour à Avesnes se fit cette année-là au milieu d'une épouvantable tempête de neige. Il était huit heures du soir quand le train arriva à Cambrai.

Le chef de gare, qui nous connaissait tous un peu, nous mit en garde. La route était barrée de grosses masses de neige et il n'était guère prudent — selon lui — de partir à une pareille heure pour faire douze kilomètres. Il nous offrit de coucher à la salle d'attente dans laquelle, disait-il, il ferait entretenir le feu...

Il y eut un conciliabule entre tous les chefs de famille, cependant que le long du quai, des masses de neige soulevées par le vent s'accumulaient sur la voie. Le gros poêle de la salle d'attente, rougi à blanc, dégageait une bonne chaleur et certains étaient partisans de rester là, jusqu'à ce que ça passe.

D'autres voulaient partir, de peur que les difficultés de circuler ne s'aggravent dans la nuit et ne rendent impossible, pour un temps, le retour à la maison.

Papa, consulté, avoua ne savoir que faire. En définitive, ceux qui désiraient rentrer l'emportèrent et notre cortège s'ébranla dans la nuit blanche...

Quel affreux voyage ! Il me semble que c'est hier que je l'ai fait...

Tant que nous sommes protégés par les hauts immeubles de brique des rues de Cambrai, ça va à moitié. Mais passée la brasserie, alors commence la « plaine des Troupeaux ». La neige tourbillonnante nous saisit, pénétrant sous nos robes en grandes plaques froides... Ne trouvant pas d'obstacles sur des kilomètres, le vent court au galop dans un hurlement continu, charriant des nuages de poudre glaciale. Des enfants, croyant voir des loups, se mettent à pleurer. Des hommes, ce qui n'est pas courant, jurent le nom de Dieu.

Malgré tout, notre pitoyable cortège avance avec l'objectif fixe d'atteindre la maison, si loin encore. Mon fichu est trempé et mes yeux pleins de larmes. Mes doigts, que maman a emmaillotés dans de gros bas de laine, sont gourds autour du bâton où se balance mon bagage.

— C'est rigolo tout de même, cette saloperie de neige qui ne veut pas s'arrêter ! crie quelqu'un à côté de moi.

Comme pour répondre à cette injure, la tempête redouble. Heureusement, le chasse-neige a dû passer sur la route : nous ne nous y enfonçons que jusqu'aux chevilles. Et nous avançons, suivant ceux qui précèdent, tête baissée, recroquevillés au maximum pour offrir le moins de prise possible au froid aigu.

Combien de temps dura ce cauchemar ? Je ne saurais le dire, mais je n'ai pas pu l'oublier. Des années, des années ont passé avant que je puisse un jour avoir à nouveau chaud aux jambes. Il me semble que la terrible tempête m'a gelé les os pour le reste de ma vie.

Il est donc bien tard quand nous arrivons à Avesnes. Je ne sais plus où je suis, éperdue, aveuglée, le visage scié par la bise, les mains bleuies et les vêtements trempés. Le coron enfoui sous un mètre de neige est silencieux, les fenêtres noires. Nos maisons sont là, obscures mais fidèles.

S'enfonçant jusqu'aux cuisses, tous se ruent, revigorés, vers les portes closes. On entend dans les sifflements rageurs de la bise, qui semble désolée de nous voir lui échapper, des bruits de clé dans les grosses serrures de fer.

Papa pousse notre porte en rejetant à coups de galoches

des blocs de neige au loin : « Seigneur, on y est ! C'est pas dommage ! » Sa barbe est blanche, pleine de petites boules gelées, et de le voir ainsi — le croirait-on ? —, ça nous fait rire.

En rentrant à l'abri de l'infernale musique du vent glacé, nous avons d'abord chaud, et la lampe à pétrole allumée nous révèle les lieux familiers, inchangés. Ils me sont plus chers encore, parce que j'ai eu une peur effroyable de ne pas les revoir. Tout de suite, papa est allé au coffre à bois et, avec les emballages de sucre et de chicorée, précieusement gardés avant le départ, il allume une flambée. Excité par la tempête qui ronfle au-dessus de nous, le petit poêle flamand se met vite à l'ouvrage.

Nous quittons nos vêtements mouillés et, enveloppés dans la couverture du lit, nous nous serrons frileusement autour du feu...

— Ah ! soupire maman, qui tend ses mains au poêle, ça fait du bien d'être chez soi.

Papa fourgonne à la cave. Il a ouvert la trappe et, par l'échelle, il y est descendu voir tout de suite. Nous entendons les chariots des métiers aller et venir, les uns après les autres.

Bien que recrues de fatigue, nous restons là, blottis de bien-être, regardant les robes, les pelisses qui commencent à fumer. Et, miracle, voici aussi qu'une bonne odeur de chicorée nous chatouille les narines. Maman s'est risquée à cette débauche que, par son silence souriant, papa approuve.

Lentement, nous buvons le chaud breuvage bien sucré. Je sens le bras de papa qui m'étreint rudement les épaules. Je suis bien, bien et je m'endors...

Le lendemain, nous ne reprenons le travail que l'après-midi. Dès huit heures, papa est parti payer les « tailles » à l'Arsène et le carnet de comptes de l'épicier.

— Comme d'habitude, c'est toi le premier, Gardez. Tu es un brave homme, lui disent-ils.

Et de chez Arsène, il ramène pour nous une « flamique », la petite galette ronde, et, de chez l'épicier, trois bouts de sucre candi, des cadeaux aux bons payeurs.

Sous la tempête qui ne s'est pas calmée, faisant triompher ceux qui, cette nuit, ont voulu rentrer, le coron revit, non point par son animation, mais par ses cheminées qui, toutes, crachent les épaisses volutes blanches que font la marne et le poussier en brûlant.

Après la soupe, nous rejoignons notre métier. Et tout de suite, mes jambes retrouvent le rythme, dès que, sur la trame que vient de préparer maman, je recommence à faire des mouchoirs.

J'allais avoir quatorze ans le mois suivant et, cette année-là, je commençai à « voler » maman.

Oh, ce n'était pas bien méchant et je le faisais, comme mes sœurs, avec son consentement. En bout de rouleaux de tissu, au lieu de lui redonner nos chutes, nous les gardions et on se fabriquait des mouchoirs pour notre trousseau.

A défaut d'autre linge d'ailleurs, toutes les filles du coron avaient ainsi des quantités de mouchoirs en se mariant.

Sachant que je me suis mise aussi à ce chapardage, mon père affecte de se fâcher.

— Ah ! la crapule ! Elle ne nous laissera pas de quoi faire un torchon. Son trousseau ! Je vous demande un peu, qu'est-ce qui m'a fichu une morveuse pareille ! On lui appuierait sur le nez, il en sortirait encore du lait. Et ça pense à se marier !

Mais il rit dans sa barbe et souvent, dans mon panier à fil, je trouve une belle « tiote » serviette en lin. Papa a « volé » maman, lui aussi...

Ainsi, semblables aux autres, passèrent, monotones, les années d'adolescence. L'hiver à la cave, l'été à la campagne sans que rien ne vienne troubler ces jours de travail ininterrompu et qui jamais ne nous lassaient. La famille est heureuse comme ça, pleinement, sans envier personne et pour cause : nous ne savons rien du dehors. Entre eux, les habitants du coron ne parlent guère, sinon des événements de leur propre vie.

— La Louise, elle a un p'tiot. La grosse Zulma est venue hier soir.

Ou bien :

— C'te pauvre Mathilde est morte ce matin... Elle a bien souffert.

Et le défilé des voisines souligne seulement la nouvelle, l'une et l'autre ayant une conclusion différente. Ou on voit passer en courant la sage-femme, ou bien quatre hommes vont, portant un brancard noir à quatre pompons d'argent...

Plus que le décès contre lequel, hélas, on ne peut rien, la maladie est une catastrophe. Elle met les familles sur la paille en trois semaines. Chez nous, c'est extraordinaire, mais c'est comme ça : je n'ai jamais vu personne sérieusement souffrant. Des rhumes, des angines, des foulures, comme tout le monde, mais on n'appelait pas le médecin pour ces petites bricoles.

Maman, à la campagne, ramassait sans arrêt des brins d'herbes, des plantes connues d'elle seule. Elle les fourrait dans de petits sachets. Et chaque fois que nous avions un ennui de santé, elle faisait des infusions avec lesquelles, tout de suite, nous allions mieux. Grippes, toux, coliques, étaient ainsi soignées par les sachets de toile. Il n'y avait, disait ma mère, qu'une maladie qu'elle ne pouvait pas calmer avec ses plantes : c'était la faim, quand nous n'avions pas grand-chose à manger.

Le lendemain de mes seize ans, nous eûmes une visite. C'était la Noël de 1907. Un Noël sec, au ciel clair et froid. Nous revenions de la messe et maman préparait la soupe lorsqu'on entendit des roues de charrette crisser sur les cailloux de la route.

— Mais c'est Sulphart ! crie joyeusement maman, qui s'est mise à la fenêtre.

L'oncle Sulphart, son frère... Je n'en crois pas mes oreilles. Cet oncle, j'en ai entendu souvent parler. C'est l'aventurier de la famille. Par tous les temps, avec sa carriole tirée par un âne, il parcourt les routes de France. L'oncle Sulphart est colporteur et nous avons appris que sa voiture recèle mille et une merveilles, qu'il vend dans tout le pays.

Avec l'âne Zéphyrin, il a un chien : Gros Loup. Le soir venu, il replie son éventaire et couche dans la charrette par tous les temps, à moins que quelque fermier complaisant ne l'accueille.

L'oncle Sulphart ! Voilà bien des années que son tour de France ne l'a amené ici. Je ne le connais pas, c'est dire qu'il n'est pas venu depuis longtemps. Mes sœurs et moi, nous tapons de plaisir dans nos mains. L'oncle entre, vêtu d'une longue houppelande de laine écrue. Il tient à la main son chapeau de cuir bouilli et un sac de jute.

Ce sont des embrassades et des compliments à n'en plus finir... L'oncle Sulphart donne des nouvelles de la famille, nouvelles qu'il a ramassées au passage.

Il y a une grosse émotion lorsqu'il ouvre son sac et en extrait les cadeaux : des fichus multicolores pour maman, mes sœurs et moi, une casquette de velours pour papa. Et en prime, nous avons une petite médaille en argent avec le visage de la Sainte Vierge. Elle ne m'a jamais quittée, cette médaille, et bien qu'aujourd'hui elle soit tout usée, je la prends souvent entre mes doigts et je repense à ma jeunesse et à mon mari à qui je l'avais donnée...

Après une longue conversation, l'oncle s'inquiète du gîte de Zéphyrin. On le logera sous l'appentis chez le boulanger, après qu'il aura reçu une musette pleine de « recoupe » fournie par l'Arsène.

C'est sacré, jamais l'oncle Sulphart ne prend aucune nourriture avant d'avoir vu son âne, repu et remuant les oreilles de satisfaction. Puis il le couvre d'une épaisse couverture de cuir doublée de laine. Avec ses grosses genouillères de toile, Zéphyrin, qui a le poil luisant d'une bête bien soignée, est à l'abri du froid et des douleurs.

L'oncle, seulement alors, revient satisfait à la maison avec Gros Loup sur les talons. O miracle ! Sur le poêle rond, quelque chose frit, qui sent rudement bon... C'est du lard en grosses tranches que papa est allé chercher en hâte ainsi que deux pintes de bière... Quelle fête autour de la table ! Le lard, le chou embaument et l'oncle raconte, raconte. Nous l'écoutons tous religieusement... Avec lui, nous accomplissons un magnifique voyage...

D'abord, voici les plaines immenses de la Beauce, bien plus grandes que celles que nous connaissons en Seine-Inférieure. Sur des kilomètres du blé, du blé et encore du blé, des ruisseaux de blé, de quoi nourrir toute la France.

Puis voici la Touraine avec de gras herbages accueillants où paissent des vaches aux panses larges comme des tonneaux. Ensuite, l'oncle descend vers Bordeaux en passant par les marais salants de Vendée. Bordeaux, qu'il évite parce qu'il n'y vend rien. Il y a trop de magasins.

Et c'est la Dordogne, débordante de bois, riche en châteaux où les domestiques sont de bons clients. Tirée par l'âne Zéphyrin, allant toujours du même pas tranquille, la carriole se dirige ensuite vers les Pyrénées, avec ses montagnards rudes et muets, puis descend encore au fil des mois vers la Provence où Sulphart, enfin, retire sa houppelande de laine.

— Il ne fait jamais froid dans ce pays-là, mes enfants. Il y a des fleurs tout le temps. On fait de l'huile avec de curieux fruits qui poussent sur les arbres, souligne-t-il.

Il continue le récit de son voyage, la remontée par les Alpes de haute Provence, effleurées seulement, pour ne pas trop fatiguer Zéphyrin. Ensuite, un énorme crochet par le Massif central où, dans les fermes isolées, il fait des affaires d'or. Il s'arrange pour être en Auvergne en été. Il y a de tout en abondance, à ce moment-là, et les fermiers font avec lui des échanges. Zéphyrin, en effet, tire un vrai monde dans la charrette à laquelle l'homme et le chien s'attellent aussi, quand ça grimpe trop.

Ainsi vont homme et bêtes avec leur commerce ambulant. Après un nouveau détour, ils obliquent vers le Beaujolais, crevant de vignes et de bon vin, et ils reviennent par la Brie suant la richesse des provinces comblées. De là, l'étrange équipage part, soit à l'est vers les Ardennes gris et noir, puis vers les Vosges où il faut faire demi-tour, à cause « de ces salauds de Prussiens », en direction de la grasse Normandie ou de la rude Bretagne.

Nous n'étions plus surprises après ce récit de ne pas voir souvent l'oncle Sulphart.

Papa écoute comme nous mais, parfois, il questionne. Ce fut la seule occasion de ma vie où je l'entendis s'intéresser à la vie des autres.

Sulphart ne se fait pas prier pour dire ce qu'il a vu et ce n'est guère beau. « Partout, dit-il, le pauvre monde crève à l'ouvrage et la vie est chère. » Ah oui ! il en voit de la misère, Sulphart, et il ne se prive pas de plaindre les ouvriers, les paysans, travaillant tout le jour pour une bouchée de pain.

— Nous aurons la révolution, dit-il, on a fait 1848 pour rien, la République est une gueuse, comme la royauté et l'Empire. Ça ne peut pas durer comme ça. J'ai vu des fermes croulant de richesses et des domestiques nourris à l'auge, comme des porcs, couchant dans la paille, le dos courbé, tel le bétail, par la peur du maître.

Et dans les villes qu'il traverse, c'est pis encore. La « dèche », avec en moins l'air de la campagne, dans des taudis ignobles, sans pouvoir seulement réclamer, sous peine d'être coursé à coups de plat de sabre par les dragons.

— Pourtant, il y en a qui en ont tellement marre qu'ils commencent à s'arrêter de travailler. La grève — qu'ils disent —, mais ça ne va pas loin. Il faut manger, si peu que ce soit, et ils sont obligés de retourner à l'usine.

Nous écoutons tout ça en roulant des yeux énormes. Papa a bien raison de dire qu'il y a plus malheureux que nous.

Finalement, on n'avait pas trop à se plaindre, bien que l'oncle prétendît le contraire. Papa le soupçonnait d'être socialiste — « un rouge » — et de vouloir mettre le feu partout.

Pauvre Sulphart ! Son seul défaut, à mes yeux, était de voir plus de choses que nous et d'en souffrir. Il est reparti la veille du 1er janvier. Il avait trouvé le moyen de faire quelques ventes dans notre coron...

Nous l'avons accompagné jusqu'à la sortie du village. Zéphyrin allait, résigné, tête basse, pour franchir le petit raidillon de la route de Cambrai. Gros Loup gambadait joyeusement. Il disparut bientôt à notre vue, puis l'âne à son tour ne fut plus visible. Une dernière fois, « tonton Sulphart » se retourna et nous salua à grands coups de son chapeau de cuir.

Je ne le revis jamais plus. Il fut tué avec ses compagnons de route, en 1916, dans un bombardement près du front où il cherchait à faire son négoce. Il ne resta rien ni de l'âne, ni de la voiture, ni de leur propriétaire.

Le début de cette année 1908, marqué par le départ de l'oncle, l'est encore, peu après, lorsque ma sœur Lucie me demande d'être la marraine de son fils Alfred, qu'elle veut faire baptiser. Mon père donne la permission après avoiconsulté maman.

Je suis assez âgée maintenant, disent-ils, pour assumer une pareille responsabilité — à cette époque, c'en était une. On nous faisait comprendre que nous devions nous substituer aux parents dans le cas où il leur arriverait malheur, pour élever l'enfant que nous parrainions. Il fallait donc bien réfléchir. Je m'enquiers auprès de Lucie du parrain qu'ils ont choisi :

— C'est le grand Auguste, le fils Santerre, me répond-elle. Tu l'as vu quelquefois chez nous.

Alors, je refuse tout net. Il ne me plaît pas du tout, ce garçon-là ! Je le trouve trop maigre, trop emprunté. Consternation dans la famille ! Mais l'accord réciproque est sacré pour faire deux parrains. Je ne sais quel prétexte on invoque auprès d'Auguste, déjà prévenu, pour lui faire savoir que « ça ne marche pas », mais c'est finalement un de mes neveux qui le remplace.

Et, le jour du baptême, je porte le petit Alfred dans mes bras à l'église où le curé officie rapidement, après quatre coups de cloche. Le curé, il sait bien que ses fidèles n'ont guère de temps à perdre dans ce qui n'est pas matériel. Il ne voit pas souvent de cérémonies à grand tralala, sauf pour les gens du château. Ma sœur donne cinq sous au prêtre et on rentre tout de suite chez elle. Je ne fais pas de cadeau au bébé. Ça coule de source, personne ne s'en étonne. A mon âge, c'est admis, on n'a pas de sous. Si mes parents ne m'en ont point donné, c'est que, d'évidence, ils ne peuvent pas. On boit une tasse de chicorée en hâte et je reviens à la maison où mon père et mes sœurs n'ont pas quitté le métier.

Depuis quelques semaines, en allant porter les pièces tissées chez un certain Haguet, le sous-traitant, qui habite trois maisons plus loin dans le coron, on m'invite souvent à prendre la soupe. Elle ne me plaît pas trop, cette soupe, je la trouve trop épaisse. Mais à la table, je suis assise près de Louis, l'aîné des fils, un petit blond frisé et bien gentil. Il est pour moi plein de prévenances. Il me passe les tranches de pain et me verse de l'eau avec des sourires.

Je suis touchée de ces attentions qui n'échappent pas au père Haguet, un gros homme jovial et rusé. Il me trouve bien comme il faut, le père Haguet, et il est content de voir son fils s'intéresser à moi.

Cependant ces dîners, répétés presque chaque semaine, intriguent mes parents. Questionnée, je finis par lâcher des confidences. J'avoue que le fils Haguet est très gentil à table avec moi et que c'est bien agréable. M'enhardissant, alors que le silence lourd de menaces de mon père aurait dû me rendre prudente, je vais jusqu'à dire que je le trouve bel homme et qu'il me plaît.

Je ne continue pas plus loin. Pour la première fois de ma vie, je vois mon père en colère, une colère terrible qui balaye tout sur son passage. Le visage bleui, il se dresse...

J'apprends du même coup et sans ménagement que je suis une dévergondée, une insolente, qui n'a aucun respect pour ses parents. Mon père ne me frappa point. Je l'ai dit, il ne l'a jamais fait, mais j'ai senti ce jour-là qu'il s'en était fallu de peu que je ne reçoive une gifle.

Je viens d'oser, sans son autorisation, me faire complimenter par un garçon ! Il y a là quelque chose d'énorme, d'invraisemblable, qui ne se fait pas et qui le dépasse, mon pauvre père... Ma mère, elle, ne bronche pas. Tête baissée, elle laisse passer l'ouragan. Il ne dure pas longtemps d'ailleurs. Comme il est venu, il part. En se rasseyant, mon père prie maman de pardonner son emportement.

— La jeunesse d'aujourd'hui se permet tout, dit-il en guise d'excuse. Puis, se tournant vers moi en lissant sa barbe, il ajoute : — Tu n'iras plus chez Haguet porter le travail. Ces gens ne me plaisent pas par leur façon de nous exploiter. Je sais bien, si ce n'est pas eux, il y en aura d'autres, mais quand même !

Il fait une pause, dans le silence le plus complet, et il émet son jugement sur mon « amoureux ».

— Le fils Haguet, pas plus que le père, n'a une tête qui me revient. Par-dessus le marché, c'est un vrai freluquet, tout petiot. Ça ne fait pas de beaux enfants, des mal bâtis comme ça.

Je suis vexée de ce jugement qui me paraît exagéré mais, bien entendu, je ne dis rien. Je me suis assez mal conduite pour aujourd'hui. Enfin, père termine sa péroraison. Je ne l'entendrai plus parler autant d'un seul bloc de toute ma vie.

Il emploie alors une expression pour s'adresser à moi qui est propre à notre région et qui marque, quand elle apparaît, une situation très grave :

— Ecoute bien, « nos Marie » (on m'appelait Marie tout court pour me distinguer de ma mère qui avait le même prénom), tu es encore trop jeune pour te marier. Il te faut attendre encore au moins deux ans. Avant, rien à faire ! J'ai dit...

« Nos Marie », « nos Edwige » ; quand il mettait ainsi le possessif au pluriel, cela sous-entendait qu'il s'exprimait en son nom et aussi en celui de ma mère. Bien que celle-ci ne donnât pas son avis, il semblait tout à fait naturel qu'elle eût le même que le sien à lui.

Enfin, le « j'ai dit », marquait qu'il était inutile de revenir à charge. C'était d'ailleurs superflu, cela n'arrivait jamais. Néanmoins mon père, ainsi, croyait renforcer son autorité.

Le samedi soir suivant, je ne dînai pas chez les Haguet. Je n'y dînai plus de ma vie et c'est Emérance qui porta les pièces tissées. Le dimanche, avant la messe, mon père alla chez le sous-traitant. J'ignore ce qu'ils se dirent, mais on ne parla plus de mon amourette. Pas de celle-là, tout au moins...

J'y réfléchis, à mon « aventure » chez Haguet. Peut-être papa a-t-il raison en me disant que le fils est un freluquet. Pourtant, il me plaisait bien, à moi, ce garçon. Il est petit, bien sûr ; et après ? Moi non plus, je ne suis pas grande. Est-ce que je ne suis pas capable de fabriquer de beaux enfants quand même ? Et puis sa moustache, blonde et fine, à une époque où la plupart des hommes portent la barbe, m'apparaît comme le comble du raffinement !

Il me semble que, quand on a une moustache comme ça, on a forcément des sentiments tendres pour une femme, et qu'on n'est pas un homme comme les autres.

Le fils Haguet n'arrachera jamais les betteraves, je le sens, je le devine, mais peut-être, après tout, est-ce que je me trompe ? Papa a sans doute raison, comme d'habitude. Ce n'est pas un homme pour moi, puisqu'il le dit. Allons, débarrassons-nous de tous ces rêves, de ces pensées mauvaises. Il vaut mieux faire confiance à mon père qui a plus d'expérience que moi, puisqu'il est marié, lui...

Moi, le mariage, je n'y pense guère pour l'heure. Dans ma tête, c'est un événement lointain, voire improbable. Je suis si petiote, si maigre, qui voudrait de moi ?

En avril de cette même année, décidément riche en événements, maman nous annonce une incroyable nouvelle. Cependant que mon père est parti au « poussier », pour les briquettes — il en a pour la journée —, elle nous réunit toutes les trois et ce qu'elle dit fait l'effet d'une bombe.

— Nous ne partirons pas « en campagne » le mois prochain. Votre père et moi, nous nous sentons désormais trop fatigués, et nous tisserons à longueur d'année. Le curé a écrit à Saint-Martin en notre nom. On verra l'an prochain.

Nous restons stupides, mes sœurs et moi. Ce bouleversement complet de notre vie nous paraît impossible. Et puis, il nous met mal à l'aise. Trop d'habitudes vont se trouver bousculées. Et ces interminables journées en cave, à passer au cours de l'été, nous semblent d'avance au-dessus de nos forces...

Pourtant, nous ne disons rien. Mais maman comprend, elle, ce que nous ressentons. Et puis, elle pense aussi, sans doute, aux nouvelles privations qu'il va falloir s'imposer avec ce même salaire de « tissage » sans l'amélioration, si modeste soit-elle, que nous apportait la campagne.

Il a fallu deux années avant que je ne reparte à nouveau en Seine-Inférieure ; mais j'étais mariée, cette fois... Mes parents, eux, n'y retournèrent jamais plus.

Le soir, mon père revenu et au moment où nous mangions notre soupe en silence, je le regarde... Forte de ce que vient de me dire maman, je l'examine mieux et je mesure à quel point il a l'air vieilli, fatigué. Je m'aperçois, seulement alors, que sa barbe est grise. Je n'en reviens pas de cette constatation. Qu'une parole m'ait ainsi amenée à voir ça me contrarie, et je suis toute honteuse.

Comment est-il possible de vivre auprès d'êtres qu'on aime tant, sans les voir changer profondément ? Du coup, et en continuant d'avaler la soupe, je me mets à examiner ma mère, et j'arrive, stupéfaite, au même résultat. Les bandeaux de cheveux qui sortent du bonnet tuyauté sont gris comme ceux de mon père, et des rides marquent durement le front et les joues...

Il y a aussi que tous deux sont moins sûrs dans leur démarche. C'est incroyable ! Ils sont vieux ! Devant mon métier à tisser, je fais péniblement le calcul. Papa va avoir soixante-dix ans, et maman soixante et un !

Le soir, dans notre placard — où on commence, entre parenthèses, mes sœurs et moi, à être à l'étroit —, nous chuchotons. Je leur raconte ce que je viens de ressentir. Elles ne comprennent pas ; mais nous sommes-nous jamais comprises ? Nous parlons si peu entre nous... La vie que nous menons ne laisse pas de place aux paroles. Notre but fixe et unique est de manger, dormir et travailler.

Pourtant, le lendemain matin, nos jambes vont plus vite sur les pédales du métier. Ainsi, le samedi suivant, la production s'améliore un peu en quantité. Elle ne cessera pas, cette amélioration, tout au long des semaines. Et nous passerons plus facilement que nous ne l'avions cru d'abord l'été redouté.

Oh, sans doute, pour y arriver, maman a dû supprimer complètement la viande et nous n'avons plus de goûter l'après-midi. Nous reprisons nos vêtements davantage, cependant que le changement des galoches est remplacé par un « ressemelage » avec les vieilles lanières de cuir du métier.

Comme nous n'aurons pas le bon air de la campagne, il nous faut cette année le remplacer. Nous sortons donc un peu plus longtemps après le déjeuner. Les filles qui sont restées au coron se retrouvent sur le grand talus qui clôt la cité et surplombe la route.

Nous nous asseyons sur l'herbe en un groupe misérablement vêtu, mais dont la jeunesse est l'irremplaçable ornement.

Les rires fusent à de petites plaisanteries, tellement innocentes que je les ai oubliées... De quoi parlons-nous ? De notre travail, du nombre de mouchoirs tissés la veille.

Certaines filles vont quelquefois au bal et nous racontent leur soirée. Mes sœurs et moi, nous n'y allons jamais, mais je ne le regrette, pour ma part, vraiment pas.

Qu'est-ce que j'irais y faire, fagotée comme je suis et sans savoir danser ? Pourtant, les copines y trouvent parfois un amoureux en faisant une polka. On en connaît qui se sont mariées ainsi. Le mariage, moi, je n'y songe plus guère depuis la scène avec mon père. D'ailleurs, est-ce que j'y avais pensé avant qu'il ne m'en parle ? Sûrement pas. C'est après que, furtive et rapide, l'idée m'est venue que le fils Haguet, après tout, il voulait peut-être m'épouser.

Pendant que ça papote sur le talus, les mamans se « promènent », mais presque en courant, les pauvres, tant il y a d'ouvrage à la maison. Les hommes, ceux qui sont trop vieux, et qui ne quittent plus le coron comme mon père, viennent sur le pas de leur porte, en fumant une pipe et en échangeant, de maison en maison, de courtes phrases, en gens peu portés sur la conversation.

Les jours d'hiver, nous avons un spectacle supplémentaire. Les garçons, rentrés de la « campagne », viennent déambuler sur la route en groupe, classés par âge. Ils ne sont guère reluisants non plus, les gars, avec leurs vêtements souvent retaillés dans les vieux du père, et en galoches que, l'hiver, ils bourrent de paille.

Ça ne les empêche pas de faire les fanfarons... Ils nous font des signes et nous interpellent, enhardis par leur nombre. Nous répondons par des bonjours prudents, à cause des mères qui sont derrière, et que leur promenade express n'empêche pas d'être attentives.

Dans cette bande bruyante, je remarque un gaillard long comme un jour sans pain, très maigre, de mouvements gauches dans sa veste aux manches trop courtes et son pantalon qui finit au-dessus des chevilles. Je le reconnais, c'est l'Auguste, le fils Santerre, celui que je n'aime pas et dont je n'ai pas voulu comme parrain au baptême d'Alfred.

Soudain, j'ai honte de l'avoir rejeté, ce pauvre diable... Il ne m'a jamais rien fait... Comme il semble bien qu'il me regarde, je lui souris pour rattraper ma méchanceté. Dans le clair soleil de mars, je vois ses yeux pour la première fois. Il a remarqué mon sourire et il y répond.

Ses yeux, mon Dieu ! Comme ils sont beaux, comme ils sont bleus, comme ils sont bons...

Ah, Auguste, mon cher, mon tendre Auguste, c'est ce jour-là, avant que tu ne partes quelques semaines plus tard pour la « campagne », c'est là que je t'ai aimé, comme ça, tout bêtement, d'un seul coup...

Ah, « mon Pépé », ce jour-là, j'aurais dû dévaler le talus en courant et aller me blottir contre toi, sentir tes longs bras m'entourer, comme tu as su si bien le faire toute notre vie. Mais je ne savais pas !...

Et que de temps perdu évité, que d'heures en plus à nous deux que ces deux années que nous avons manquées, rien que par convenances...

Ah oui, « mon Pépé », j'aurais dû, j'aurais dû, j'aurais dû... Maintenant que tu n'es plus là, si longtemps après, que je regrette, mon Dieu, de ne pas avoir oublié papa, maman, de ne pas être tout de suite allée vers toi, si malheureux, si seul, si perdu, qui m'attendais, qui m'espérais.

Mon pauvre, mon cher « Pépé », on ne peut pas revenir en arrière, sinon pour pleurer sur ce qu'on aurait pu faire...

Comme je t'ai aimé, mon grand, tout de suite dans mon cœur et dans ma tête. Pour le reste, tu m'as appris plus tard... Mais ce ne fut jamais l'important. Ce qui a compté toute ma vie, c'est toi en entier, avec ta gentillesse si naturelle, avec ta bonté de toutes les minutes.

Ah ! si toutes les femmes, mon Dieu, pouvaient avoir un mari comme j'en ai eu un — un rustre, disaient les gens instruits —, et qui ne savait ni lire, ni écrire, mais si tendre, si attentif à sa « Marie-Cat »... Comme tu me manques maintenant, mon ami...

Ainsi, tous les jours de la semaine, à chaque début d'après-midi, avec ses camarades, Auguste passe sur la route et nous nous sourions. Vers la fin d'avril, en me regardant de loin avec des yeux clairs, il prend le courage de me crier :

— Je pars demain... Adieu. Nous nous reverrons à la Sainte-Catherine...

Ce que furent en tristesse ces mois d'été, dans le coron en partie déserté, je ne saurais le dire... Il n'est plus là, désormais, sur la route que fréquentent seulement quelques enfants. Mes sœurs et moi, ainsi que les rares camarades qui restent, nous venons quand même sur le talus surchauffé par le soleil. Plus par discipline, pour notre santé, que par besoin, moi surtout, si malheureuse avec mon secret tout neuf et n'osant me confier à personne, paralysée par le sentiment qu'être amoureuse, ce n'est pas convenable...

Ainsi, de la cave au lit, de la table au talus, passent les mois. Et les mouchoirs s'ajoutent aux mouchoirs. Je garde chaque semaine un peu plus de « ficelle » pour les petites pièces de mon trousseau. Si un jour je me marie, je sais maintenant que ce sera avec lui. Et les morceaux de linge s'empilent davantage dans ma boîte à fil...

Demain, c'est ma fête : la Sainte-Catherine. Novembre a mis sur le coron une chape de glace qui rétrécit les maisons de brique rouge et semble les resserrer frileusement les unes contre les autres. Les fumées naissent de chaque cheminée comme autant de peines et de soucis qu'elles emportent avec elles dans leur volute maigre et malodorante. A la fontaine, l'eau ne coule plus et, avec un marteau, il faut casser la glace du bac pour la ramener, en morceaux, fondre devant le courageux petit poêle flamand.

Dès quatre heures, au ras du sol, les lueurs des lampes grelottent à nouveau devant les vitres des caves. Et, incessant, commence le va-et-vient des chariots de chêne des métiers. Ils sont rentrés hier, ceux qui étaient partis « en ferme », le visage tanné encore par le soleil des moissons et par le vent humide et froid de la campagne betteravière.

Parmi toutes ces maisons où la vie ressuscite, il y a celle où Auguste habite avec ses parents et ses huit frères et sœurs.

Sournoisement, et rendue méfiante par l'expérience, je me renseigne après le dîner sur cette famille...

Maman, apparemment, ne se doute de rien. Elle pense sans doute que j'éprouve une curiosité en rapport avec mon refus d'avoir Auguste près de moi comme parrain au baptême d'Alfred. Elle lâche quelques détails :

— Ces Santerre, ils sont bien malheureux. Le père est un homme peu sociable et brutal, la mère vit dans la peur de son mari. L'aîné des neuf enfants, c'est Auguste — tu sais, Marie, celui que tu as refusé ! —, un bien brave gars courageux à ce qu'on affirme, et un des meilleurs tisserands du coron. Il est rentré. Je l'ai vu ce matin, en allant au pain.

Tout cela m'intéresse beaucoup, mais je prends un air détaché. Pourtant, j'ai tressailli quand ma mère a dit qu'elle avait rencontré Auguste. Aussi, après la soupe de midi, je ne traîne pas. La vaisselle est lavée en vitesse. Puis, n'y tenant plus, je cours, qu'est-ce que je dis... je vole au talus.

Il fait un froid de loup. Il n'y a pas âme qui vive dehors... Je respire à grands coups. Va-t-il venir ? Je ne suis pas longtemps dans le doute. Une sabotée vigoureuse claque sur la route, et je le vois arriver tout gauche comme d'habitude, avec sa veste et son pantalon trop courts, les sabots débordant de paille. Enfin, c'est lui... Tout l'été, j'ai rêvé de ça... Il approche, faussement indifférent, ayant l'air de regarder ailleurs. Moi, je fais celle qui ne l'a pas vu... Mais cela ne peut pas durer... Les galoches sonnent de plus en plus proches sur le chemin ferré.

Est-ce le froid qui nous fait à l'un et à l'autre le visage si rouge ? Plus tard, je saurai que non. C'est l'émotion de nous revoir ainsi et, par chance, sans témoin.

— Oh ! Marie-Catherine, quelle bonne surprise ! Ça va chez vous ?

— Auguste, par exemple ! Déjà de retour ? Est-ce que le travail a bien marché ?

Que nous sommes bêtes tous les deux ! Il s'est arrêté en contrebas, plus misérable que jamais dans ses hardes. Mais ce que je vois, ce sont ses yeux bleus, clairs comme de l'eau de source. Et lui, que remarque-t-il de moi ? Je suis honteuse de ma longue jupe de coton gris et de mon capuchon de laine.

— Vous avez bien grandi et forci, Marie-Catherine.

Alors là, la panique m'empoigne. Si papa le surprenait à me débiter des galanteries pareilles, je n'y couperais pas de ma raclée.

C'est est trop pour cette fois ; je fais demi-tour, affolée. Mais, comble de dévergondage, j'ose lui crier :

— Au revoir, Auguste, à demain !

Cet après-midi-là, le chariot de mon métier a des arrêts fréquents et des accélérations excessives. Troublé par ce rythme incohérent, mon père s'inquiète de ma santé. Et maman qui prépare les trames en haut vient se renseigner, elle aussi, sur les causes de ce travail haché.

Ainsi tous les jours, sous le ciel gris qui, à Noël, se met à cracher une neige épaisse, c'est le rendez-vous du talus, où souvent nous sommes seuls.

Peu à peu une conversation, toujours à dix mètres de distance, s'instaure. J'en apprends davantage de lui ; il en sait plus sur mon compte, à l'aide de phrases banales, sans un mot déplacé. Lorsque je rentre, personne apparemment ne s'étonne de me voir ainsi braver le froid, alors que mes sœurs renoncent elles-mêmes à sortir.

A la Noël, papa décide de tuer le lapin qu'il engraisse dans la cave. Nous ne voyons pratiquement plus jamais de viande et il estime qu'on n'a pas volé celle-là. Pendant que nous allons à la messe, il mijote sur le feu le pauvre lapin avec des pommes de terre. Ma sœur Lucie et son mari ont été conviés à cette ripaille.

Après le repas, il ne reste rien du lapin, que les gros os. La bête, cartilages compris, a été dévorée dans un silence approbateur. Comme dessert, nous avons un pot de châtaignes bouillies que mon beau-frère a ramassées en forêt.

C'est bon, les châtaignes, c'est plein de sucre. Pour en profiter davantage, nous ne les épluchons pas. Nous les vidons en les pressant entre les dents et en suçant ensuite longuement la peau coriace. Puis arrivent les bols de chicorée bouillante...

Dans cette béatitude, la bombe éclate d'autant plus fort qu'elle est inattendue.

— Vous savez, mon père, dit Lucie, qu'à partir de lundi, nous prenons le fils Santerre chez nous.

Je manque d'avaler mon « café » de travers. Lucie continue son récit, inconsciente — je le crois — du trouble qu'elle vient de provoquer.

— Auguste, dit-elle, ne veut plus vivre chez lui. C'est un enfer avec son père... Jamais un sou vaillant. On lui prend tout. Alors, il m'a demandé d'habiter, moyennant pension, à la maison. Paul veut bien et ça nous arrange pour joindre les deux bouts.

Père approuve cette initiative :

— Je l'aime bien, ce garçon-là... Il est courageux. Il fera son chemin, mais il n'a pas de chance avec ses parents.

Lucie poursuit :

— Auguste annoncera la nouvelle ce soir à son père. Mais il craint que ça n'aille pas tout seul.

Que ça ne soit pas allé tout seul, en effet, c'est le moins

que je constate le lendemain.

Quand Auguste arrive à notre rendez-vous, son visage est marqué de bleus et il a un œil poché. Il me raconte qu'il a pris la veille une raclée monumentale, à coups de sabot, de poing et de ceinturon. Je suis révoltée.

— Mais il fallait vous rebiffer, vous défendre !

J'ai crié ça du haut du talus. Et sa réponse, je l'entends encore, sans éclat, comme une simple constatation :

— Mais, Marie-Catherine, on ne se rebiffe pas contre son père.

L'indignation me soulève... Je voudrais qu'Auguste s'approche de moi afin de pouvoir lui laver ses bleus, son œil. Hélas, il repart en claudiquant légèrement. Dans quel état il est, Seigneur !...

Toutes précautions oubliées, je laisse éclater ma colère en rentrant à la maison. Je peux bien en parler, d'Auguste, puisque Lucie l'a fait avant moi. Mon père qui est déjà devant son métier, à la cave, écoute mon récit. Maman qui est descendue pour la circonstance, hoche la tête, apitoyée, et dit :

— Tout de même, une « tabassée » pareille, il y va fort, le père Santerre !

Sans que que son chariot cesse d'aller et venir, papa approuve. Il n'aime pas les coups, sans doute parce qu'il en a beaucoup reçu.

Je me remets au travail en marmonnant. Est-ce une illusion ? Il me semble que pendant que je m'installe, mes parents ont souri doucement et vite, entre eux, ainsi qu'ils le font parfois quand une pensée bien personnelle les traverse en même temps.

Alors, entre les heures de rendez-vous au talus, je guette les visites de Lucie. Elles sont rares, elle n'a pas bien le temps, la pauvre ! Je voudrais pourtant bien savoir comment ça s'arrange pour Auguste.

Je cherche en vain un prétexte pour aller chez ma sœur, puisqu'elle ne vient pas à la maison.

Papa — est-ce volontaire, je ne sais pas, je ne m'en rends pas compte —, papa me tend la perche.

— Il y a bien longtemps, dit-il, qu'on n'a pas vu Alfred, ton filleul. Va donc prendre de ses nouvelles chez ta sœur ce soir. Mais fais vite.

Du coup, c'est le ravissement... Et avant de dîner, en courant, je vais voir Lucie, et comme prévu je rencontre Auguste. Pour la première fois, me m'assois à la même table que lui, devant une tasse de chicorée.

Il m'explique qu'avec son père, c'est la guerre ouverte. Ce qui le contrarie le plus, outre qu'il ne voit plus sa mère, qu'il adore, c'est de n'avoir pu emporter avec lui son métier à tisser que Santerre refuse de lui donner. Heureusement, mon beau-frère Paul lui en prête un.

— Je vais travailler comme ça, jusqu'au départ « en campagne », Marie-Catherine. Je vais mettre un peu de sous de côté, chuchote-t-il.

Sa voix devient à peine perceptible. Il est rouge comme une briquette dans le poêle flamand et il lance :

— Je voudrais bien me marier, trouver une femme douce et courageuse. Avoir une maison à moi.

Il est arrivé au bout de cette phrase au prix d'un effort inouï. Ayant dit, il se lève en bousculant son banc et file, sans plus de cérémonie, vers la trappe de la cave où il rejoint Paul, dont on entend le métier claquer régulièrement.

Lucie qui, dans un coin de la pièce, prépare des trames, se retourne en souriant et elle souligne, comme pour excuser Auguste de ce qu'il vient de dire :

— Si tu savais ce qu'il est malheureux !

Elle parle — en doute-t-elle ? — à une convaincue. Moi, j'ai retenu de tout ça qu'Auguste veut se marier. Mais avec qui ? Apparemment, il ne connaît que moi, mais à la réflexion, je n'en suis pas sûre. Peut-être a-t-il une bonne amie que j'ignore ? A cette pensée, je suis empoignée d'une jalousie féroce et c'est désespérée que je regagne la maison.

Avant d'aller me coucher, je raconte à mes parents où en est la situation et les projets d'Auguste. Peu à peu, il a pris place dans la famille et il me semble naturel de parler de lui comme d'un frère.

Maman approuve beaucoup son idée de se marier.

— Sûrement, souligne-t-elle, c'est ce qu'il a de mieux à faire, le pauvre.

Alors mon père, qui est en train de vérifier le fil d'une longue pièce de tissu terminée, se retourne lentement. Dans ses mains déformées, le lin crème se déroule rapidement, palpé sur toute sa largeur, à la recherche du moindre défaut. Et dans la maigre clarté de la lampe à pétrole, je vois ses yeux qui cherchent les miens.

Il dit, et je n'ai jamais, de ma vie, oublié ce qu'il a dit :

— C'est une femme comme toi qu'il lui faut, Marie. Il est trop malheureux, ce gars-là ! Alors, s'il te plaît, épouse-le.

# Chapitre IV

— Marie-Catherine Gardez, acceptez-vous de prendre Auguste Santerre, ici présent, pour époux ?

Mon « oui » est à peine perceptible.

— Auguste Santerre, acceptez-vous de prendre pour épouse Marie-Catherine Gardez, ici présente ?

Le « oui » est plus assuré, mais mon fiancé est blanc comme du plâtre...

Nous sommes le 13 décembre 1909. Il manque dix jours à mes dix-huit ans. Je viens d'épouser celui que j'aime et qui m'aime. On n'oublie pas un jour pareil... Il fait doux cet hiver-là et, dans la petite salle de la mairie d'Avesnes, on n'a pas jugé utile d'allumer le feu.

Sur la table de sapin noirci devant nous, il y a un petit carnet tout neuf, notre livret de mariage. Au-dessus du maire, M. Belloy, une grosse pendule, qu'on appelle un œil-de-bœuf, marque le silence qui a suivi notre « oui », de son tic-tac pesant. Dans ma tête, chaque première seconde de ma vie de femme s'inscrit ainsi : tic tac... tic tac...

Le maire reprend ses esprits et sa bonhomie coutumière, mise à rude épreuve dans la matinée. Une heure et demie, nous avons attendu les parents d'Auguste, dont le consentement est indispensable puisqu'il n'est pas majeur...

Une heure et demie à guetter par la fenêtre aux carreaux poussiéreux de la mairie l'arrivée des Santerre. Le mariage était prévu pour dix heures.

Paul et Lucie, mes témoins, sont là, raides dans leurs habits du dimanche. Papa et maman, tassés sur leurs bancs, vieillis, mais heureux, attendent sans impatience. Et l'œil-de-bœuf marque de son tic-tac l'attente désespérante.

Dans un coin de la pièce, un homme très vieux et très sale écrit sans arrêt, et le craquement de sa plume de fer prend le relais de la pendue. Nous regardons respectueusement le long bec métallique courir sur le registre. Papa et Auguste surtout sont impressionnés par ce travail silencieux. L'homme, je le reconnais, c'est le maître d'école, celle du coin, qui vient faire les papiers de la mairie.

On dit dans le village qu'il est d'un grand savoir. En le voyant écrire comme ça, nous le croyons volontiers.

A onze heures, M. Belloy revient voir si, à la fin, nous sommes prêts. Sur sa large bedaine qui tend le bouton de la redingote, l'écharpe tricolore pend négligemment. Il n'est pas content, le maire, et s'il n'avait une grande estime pour papa, il y a longtemps qu'il nous aurait plantés là.

Violemment, il hèle le garde-champêtre — c'est toujours le père François — et il lui ordonne d'aller chercher « ce sacré bougre de Santerre qui veut toujours faire autrement que les autres »...

On ne sait par quels trésors de diplomatie et de persuasion, le père François mène à bien sa mission. L'horloge marque près de onze heures et demie lorsque les parents d'Auguste arrivent, lui rageur, elle suivant, résignée. Pour bien marquer qu'ils se considèrent contraints et forcés, ils sont venus tels qu'ils étaient lorsqu'on les a « arrachés » du métier. Lui en longue blouse grise, elle en robe noire fanée et sabots aux pieds...

M. Belloy est soulagé de les voir arriver. Il n'aime pas les histoires comme ça dans les familles, qui nuisent à la bonne harmonie du village.

Mais, après avoir expédié le mariage, et cédant à une rancune, il ne félicite — contrairement à l'usage — que mes parents, « de braves gens qui honorent le bourg par leur honnêteté », dit-il.

Et il nous remet, avec ses compliments, notre livret de mariage qui, notre vie durant, ne nous quittera plus.

Pas un mot n'est échangé entre les assistants. Nous sortons après avoir laissé, Auguste et moi, chacun un sou pour les pauvres de la commune. Le maître d'école n'a pas daigné une fois relever la tête. Pour lui, nous sommes des « calotins » indignes de tout intérêt... Et, rageusement, il continue à noircir les pages du grand registre.

Dans le silence, nous allons vers l'église. Paul, le seul qui paraît se ficher de tout, observe tout de même qu'il fait bien doux pour un mois de décembre. Papa émet un grognement. C'est le genre de réflexion dont il a horreur.

Le père Santerre, lui, ne dit rien, le visage fermé, dur, réprobateur... Avisé par politesse de notre retard, le curé n'est pas arrivé encore et, en nous poussant, nous entrons dans la petite église délabrée et glaciale, par contraste avec le dehors.

Nous nous agenouillons sur les deux prie-Dieu et nous nous recueillons, cependant que les autres s'installent dans un grand bruit de chaises remuées qui résonne lugubrement sur les dalles de pierre.

Il règne dans l'église froide une odeur de moisi qui m'empêche de bien prier. Je le regrette profondément mais je n'y peux rien, c'est comme ça. Cette odeur forte m'obsède et je pense à l'encens des messes du dimanche. J'en aurais bien voulu, moi, de l'encens. Il me semble dans l'instant que la cérémonie eût été plus sérieuse, plus émouvante...

Quant à la musique, n'en parlons pas. La fille de l'épicier, qui touche du piano, demande trois francs pour jouer sur l'harmonium aux mariages et aux enterrements. Nous n'avions pas une somme pareille à consacrer à cela.

Enfin, le curé fait son entrée en hâte, achevant d'enfiler son surplis. Il le noue en faisant une rapide génuflexion devant l'autel, légèrement de travers à droite, parce qu'une marche a cédé. L'enfant de chœur le précède, portant un gros livre de cuir aux coins écornés.

Et c'est la bénédiction de notre mariage... La voix forte, malgré son âge, le prêtre prononce, en latin, des phrases que nous ne comprenons pas et auxquelles le servant fait écho, en bredouillant…

Entre deux réponses le curé, brusquement, nous questionne sans presque ouvrir la bouche :

— Avez-vous les anneaux ?

Auguste, pris de court à cette question qu'il n'attendait pas, reste stupide. Puis il se fouille, perplexe, et hoche la tête. Il a senti, dans sa poche, la boîte d'allumettes où il a glissé « nos » alliances…

Quand je dis « nos alliances », j'exagère. Nous n'avons pu en acheter. J'ai celle de maman, toute fine, toute légère, tout usée, et Paul a prêté la sienne — un cercle d'argent — à Auguste… Ce n'est que quinze années plus tard que j'en reçus une, offerte en cadeau à Noël par mon mari…

Lui n'en eut jamais… A chaque fois qu'il se décidait à en acheter une, il nous arrivait toujours quelque catastrophe qui l'en empêchait.

— Ça n'a pas d'importance, Marie-Cat, me disait-il alors. Ce qui compte, c'est qu'on soit heureux.

Pourtant moi, j'y tiens, à mon alliance. Aujourd'hui, elle est aussi mince que l'était celle de maman à l'époque de notre mariage. En plus, il y a dessus une petite soudure, parce que, quand j'ai eu ma syncope, ils me l'ont coupée pour pouvoir la retirer, à l'hôpital.

Je n'ai jamais su pourquoi on enlevait les bagues aux gens qui faisaient une crise cardiaque…

Après la cérémonie, nous sortons en groupe. Nous avons mis deux sous chacun sur le plateau des anneaux. Finalement, le tout nous coûte six sous et ce n'est pas rien, vu que nous ne sommes guère riches… Mais il le faut. Il nous semble qu'on serait déshonorés si on ne donnait pas quelque chose un jour pareil… Paul, lui, a remis un sou à l'enfant de chœur. Excité par ce don inespéré, le gosse s'accroche à la grosse corde qui pend près de l'entrée. Il se lance et nous offre pour notre sortie de l'église un carillon princier, qui met le village en émoi…

— Quel grand mariage vient-on de célébrer ? demandent les gens.

C'est le nôtre et il n'est pas grand, mais qu'il est beau !… Je serre très fort le bras de mon mari qui se redresse fièrement. Comme je le trouve bien, Auguste, tout vêtu de noir ! Il a fait une affaire inouïe : la femme de l'Arsène, le boulanger, lui a revendu à crédit jusqu'en novembre, pour sept francs, le costume de mariage de son époux :

— Mon bonhomme ne peut plus entrer dedans avec la panse qu'il a maintenant, a-t-elle dit en riant. Alors, autant que vous en profitiez.

Il n'y a rien à faire, je ne peux pas m'imaginer qu'Arsène ait pu un jour mettre ce costume... Sans doute, il est un peu grand pour Auguste, mais quand même !... Est-il possible que l'on change à ce point-là avec les années ?

Moi, j'ai ma robe des dimanches, mais maman y a cousu un petit jabot de dentelle blanche qu'elle a récupéré sur un vieux corsage qu'elle ne met plus... Il était bien joli, ce corsage, et je me demande comment elle avait pu acheter ça... Sur ma tête, elle a noué, en une sorte de chou, le voile de ma communion. Puis, avec soin, elle a coiffé mes longs cheveux blonds qu'elle a longuement, la veille, lavés à la camomille...

Le seul *hic* est que nous n'avons pas pu acquérir de chaussures. Si on le faisait, on ne pouvait donner l'acompte pour les meubles. Alors, papa a eu recours à une astuce. Il a noirci nos galoches à tous les deux avec de la suie du petit poêle. Puis, quand le tout a été bien sec, il a graissé le bois avec de la couenne de lard. C'est une vraie réussite, on pourrait croire qu'on a des souliers vernis...

Ainsi notre cortège, notre pauvre cortège de noces, revient vers la maison. A la traje[1] à Bertrand, qui mène chez l'épicier, les Santerre nous quittent sans un mot pour rentrer chez eux...

Une seconde avant cette séparation, le père et le fils se sont regardés rapidement — et c'est tout. J'ai le cœur gros de les voir ainsi partir, ses parents, bras ballants, la mère tête basse suivant le père. Ma joie si grande, si profonde, est en partie gâchée. Toute ma vie, je leur garderai rancune de ce qu'ils ont fait ce jour-là...

Nous voici à la maison. En raison de la température — il fait chaud, trop chaud pour la saison —, nous laissons la porte ouverte. Mes sœurs nous ont attendus. Elles ont

1. Sentier de terre qui traversait le coron.

travaillé, elles :

— Ce n'est pas parce qu'il y a un mariage dans la famille qu'il faut abuser de tout, a dit mon père.

Cependant, il a décidé de marquer cet événement qu'il a voulu, qu'il a souhaité. Il est allé le matin, à la brasserie, chercher un broc de bière. En payant ainsi en gros, il l'a eu pour moins cher, vingt sous.

Maman enfile sa blouse par-dessus l'éternelle robe noire de fête, ornée de quelques perles, que je lui ai toujours connue et qu'elle met pour aller à la messe le dimanche. Solennellement, elle va au placard près de la fenêtre, où il fait frais. Elle en sort un paquet enveloppé de papier gras, qu'elle rapporte vers la table avec gravité.

Sous nos yeux éblouis, elle déballe huit petites côtelettes de mouton. Paul et Lucie restent en effet à manger avec nous...

Comment a-t-elle fait, ma pauvre mère, pour mettre cette viande au menu ? Le mouton, c'est ce qu'il y a de plus cher, de plus rare...

Je ne me souviens pas d'en avoir vu sur la table. Par quel miracle d'avarice a-t-elle bien pu réunir l'argent nécessaire à cet achat luxueux ? Paul fait une plaisanterie, mais qui risque, à un moment, de très mal tourner. Il dit, en ayant l'air de se moquer du monde, que maman a profité d'une épidémie de « sang de rate »[2] pour faire une bonne acquisition...

Mais mon père n'apprécie pas du tout cette observation. Violemment, il reproche à Paul cette mauvaise blague. La viande, c'est sacré. On ne rit pas avec ça ! Et ce n'est pas parce que l'on n'en mange pas beaucoup qu'il faut accuser les gens de vous donner de la bête crevée au déjeuner... Paul, se rendant compte qu'il est allé trop loin, s'excuse humblement...

Pendant que mes sœurs, dans un grand bruit d'assiettes, mettent la table, Auguste et moi, devant la porte, nous sommes tout à notre bonheur, main dans la main, silencieux...

Et soudain, quelque chose d'incroyable m'apparaît et

2. Maladie qui décimait les troupeaux d'ovins.

dont je reste comme imbécile... Je m'aperçois que cet homme que j'aime, qui est désormais mon mari et avec qui, ce soir, je vais dormir, cet homme, je me rends brusquement compte que je ne l'ai jamais encore une fois embrassé ! De saisissement, et profitant de ce que nous sommes seuls, sur le seuil, sans réfléchir, je me hisse à son cou — qu'il est grand, mon Dieu ! — et ma bouche se pose sur sa joue. Il est stupéfait et gêné, à cause de mes parents, là, derrière... Mais ça doit être agréable, parce qu'il me saisit à son tour. Et, en se tournant, il trouve ma bouche qu'il embrasse longuement. C'est à moi d'être honteuse, mais je trouve aussi que c'est rudement bon... C'est notre premier baiser...

D'un léger toussotement, Paul, qui est sorti, s'annonce avec discrétion, mettant fin à ce merveilleux contact. Puis, pour cacher peut-être son émotion et se faire pardonner de nous déranger, malicieux il fredonne à mi-voix son air favori et que je connais bien :

*Si vous croyez que je vais dire*
*Qui j'ose aimer*
*Je ne saurais pour un empire*
*Vous la nommer...*

Cette *Chanson de Fortunio* — je ne sus que bien plus tard comment elle s'appelait, en l'entendant à la radio —, pouvions-nous penser alors que nous l'évoquerions, Auguste et moi, un soir de 1918, en pleurant sur ce pauvre Paul, déchiqueté, haché dans l'entonnoir d'une sape à la Fère-en-Tardenois ?

Tout, aujourd'hui, n'est-il pas bonheur ? Dans la salle, sur la table, chaque place est marquée par une petite serviette de lin crémeux, tissée en secret par mon père. A côté de l'épaisse tartine de pain, taillée dans la boule, il y a une petite « flamique » aux oignons, un cadeau de l'Arsène, le boulanger, attendri de savoir Auguste dans son propre costume de mariage.

Sur le petit poêle qui ronfle joyeusement, comme pour s'associer à cette fête, les côtelettes frissonnent dans leur graisse, cependant que dans le four cylindrique en dessous, les pommes de terre pelées et aillées se boursouflent comme il faut, sans éclater...

Nous sommes tous debout, près de la table. Auguste est à mes côtés. Père fait un rapide signe de croix et il dit :

— Bénissez, Seigneur, ce repas que nous allons manger ici... Grâces à vous, mon Dieu ! Nous vous demandons aujourd'hui de rendre Marie-Catherine et Auguste heureux et bons époux. *Amen.*

Dieu l'a entendu, mon père... Heureux et bons époux, nous l'avons été, sans que rien, une minute, une seconde seulement, ne soit venu jamais nous séparer, sinon la mort contre laquelle on ne peut rien et qui nous emporte tous, qu'on soit riche, qu'on soit pauvre.

C'est finalement, je trouve, la grande justice, et c'est pour cela que je suis très croyante. Le bonheur, il appartient à tous, qu'ils couchent dans des draps de fil ou dans de la paille... Ce qui compte, c'est d'être heureux dans son cœur, dans sa tête, même si on n'a pas de livret de caisse d'épargne. Et au fond, qui que nous soyons, est-ce qu'au bout du compte, nous ne mourons pas tous ? Est-ce que nous n'allons pas tous dans la même terre ?

Auguste disait que c'était ça l'égalité et il avait raison. Maintenant, on dit que c'est autre chose ; moi, je veux bien !

Après le repas, on procède aux préparatifs de notre première nuit. Nous allons en effet coucher chez mes parents. Le lit, l'armoire, la table, que, selon la tradition, on a commandés à l'ébéniste du village, ne sont pas tout à fait prêts...

Nous avons la chance de trouver, à côté de celle de mes parents, une petite maison dans laquelle nous nous installerons deux jours après, dès que nous aurons les meubles. Mes sœurs iront coucher chez Paul et nous, nous dormirons à leur place, dans le faux grenier...

On fait toute une affaire de la nuit de noces. Je trouve qu'il n'y a pas de quoi, Bien qu'elle fût horriblement gênée, maman m'avait prévenue de ce qui m'attendait ce soir-là. Elle l'avait fait avec des précautions sans fin, choisissant ses mots pour ne pas me froisser. Elle avait tort. Je n'avais aucune crainte et je n'attendais rien d'extraordinaire. J'aimais déjà Auguste, comme ça, tel qu'il était... Tout ce qui pouvait venir « en supplément » ne pouvait qu'être bon aussi...

Ce « supplément », il ne vint pas tout de suite, d'ailleurs... Le soir, nous nous installons dans l'obscurité de notre placard. Ce pauvre Auguste est tellement grand qu'il a bien du mal à se débarrasser de ses vêtements. Ses longs bras cognent aux planches du toit. Moi, j'ai l'habitude et j'ai déjà enfilé la chemise de nuit en coton, toute neuve, avec de grandes fleurs roses, que maman m'a donnée en cachette. J'attends calmement et je sens enfin Auguste qui se glisse, à mes côtés, en chemise lui aussi. Nous sommes affreusement à l'étroit et on ne peut guère remuer. Mon mari me prend dans ses bras et il m'embrasse. Mais en dessous, on entend papa tousser et bouger presque sans arrêt. Alors, mon mari me dit à l'oreille, tout doucement pour qu'on ne l'entende point :

— Dormons, Marie-Cat. (C'est la première fois qu'il m'appelle ainsi.) Dormons. C'est difficile à te dire, mais moi, ça ne va pas fort, avec tes parents en bas.

Je comprends. Je m'endors tranquillement.

Telle fut ma nuit de noces... La vraie, nous l'eûmes dans notre maison, le surlendemain. On avait toute la vie devant nous et on en a bien profité. Nous n'étions pas à quelques heures près...

Dès le lendemain, nous allons travailler avec mes parents. Paul a apporté un métier à tisser qu'on a, tant bien que mal, installé dans la cave. Auguste est un très habile ouvrier, au moins autant que papa, et il se met tout de suite à l'ouvrage. Maman a décidé de faire un effort supplémentaire et de lui fournir ses trames, ce qui lui fait gagner un temps précieux...

Ah ! ces premières heures en commun, comme elles sont belles ! Les chariots vont et viennent. Papa, heureux de nous avoir près de lui, ne se fait pas prier pour chanter et les pièces de tissu se succèdent ; les grandes en lin très fin que fabrique Auguste et mes mouchoirs à moi, beaucoup plus petits. Chaque semaine, je réussis à mettre de côté quelques sous. Ils serviront à payer l'ébéniste qu'on a promis de régler en deux ans.

Pour la nourriture, nous gardons la même façon de vivre que celle de mes parents. Soupe et chicorée. Auguste est allé voir l'Arsène pour se faire attribuer un bâton à « tailles », ce qui lui a été accordé sans aucune difficulté. Chez l'épicier, nous avons eu aussi tout de suite notre carnet... La réputation de mon père nous sert beaucoup...

Trois fois par jour, nous revenons à notre logis prendre les repas ou le bol de chicorée. Je suis fière et heureuse de ma maison. Elle est bien plus petite que celle de mes parents, et elle n'a pas de cave : c'est pourquoi nous devons aller chez eux... Mais nos trois meubles et le petit poêle que nous avons trouvé d'occasion chez un voisin nous suffisent. Je frotte et refrotte tout cela. J'ai dû gratter les dalles du sol qui étaient toutes tachées. J'ai eu du mal, mais j'y suis arrivée.

Ça brille maintenant et les deux poignées de sciure que je jette après chaque nettoyage protègent bien le pavé. Il a fallu que mon père apprenne à Auguste à fabriquer ses propres briquettes. Ils ont choisi un dimanche après-midi. Maintenant, près du poêle, il y en a une trentaine qui sèchent, ramenant avec elles la même odeur bizarre que, toute mon enfance, j'ai sentie chez mes parents.

Si bien que je ne suis guère dépaysée chez moi. A part que la salle est un peu plus étroite, je retrouve une atmosphère identique. Au début, on n'avait qu'une paire de draps, un cadeau de maman ; des draps déjà bien usés, mais des draps... Quand je les lavais, on couchait directement sur le matelas de menue paille. Je n'ai pu en acheter une seconde paire que huit mois plus tard, après la campagne...

En effet, nous repartîmes au mois de mai suivant. Auguste était allé voir le curé et celui-ci lui avait écrit une lettre pour les gens de la compagnie. Il y annonçait au régisseur que nous étions mariés, Auguste et moi, et que nous désirions faire comme nos parents...

La réponse nous parvint trois semaines après. Je la déchiffrai péniblement après avoir ouvert en tremblant la grosse enveloppe grise adressée à « M. et Mme Auguste Santerre ». Le régisseur nous félicitait pour notre mariage et il nous disait qu'il acceptait volontiers notre proposition — certain, disait-il, que nous serions, comme nos parents, de très bons « employés ».

Dans la lettre, il y avait aussi une grande feuille bleue, pleine de cachets et de signatures. Je lus qu'il s'agissait d'un mandat de douze francs...

Mon mari m'expliqua que c'était probablement le prix de notre voyage que la compagnie, qui avait décidément confiance en nous, nous envoyait... Douze francs ! Moi qui me faisais un tel souci pour savoir comment nous allions payer le chemin de fer à notre départ, j'étais folle de joie. Je voulais aller chercher l'argent tout de suite, mais Auguste refusa.

Il mit le mandat dans le livret de famille et déclara qu'on irait le chercher quand on en aurait besoin.

— Comme ça, me dit-il, on n'aura pas la tentation de le dépenser...

En attendant, nous sommes heureux, très heureux. Nous continuons le même horaire de travail. De quatre heures du matin à vingt-deux heures et, bien que j'aie des obligations de ménagère en plus, je ne me plains pas. Je ne suis pas fatiguée. Quant à mon mari, malgré sa maigreur, il semble d'une robustesse à toute épreuve... Comme mon père, il est peu bavard, ce qui ne me change guère. Comme lui, il ne sait pas lire, mais ça ne le prive pas. J'ai essayé en vain de lui apprendre le peu que je savais. Il n'a jamais voulu. C'était bien assez, disait-il, qu'il y ait un savant dans la famille...

Ce qu'il me donne sans cesse et qu'il ne cessera jamais de me donner, c'est sa tendresse. Lorsque nous travaillons au métier, dix fois par jour il se tourne vers moi, inquiet : « Tu n'es pas fatiguée, au moins ? » Et à table, il épie ce que je mange. Il faut que ce soit autant que lui. Nous travaillons tous les deux également. Nous devons donc également nous nourrir. Il ne sort pas de là. Même si, quelquefois, en riant, je refuse d'aller plus loin, incapable d'avaler une cuillerée de soupe supplémentaire. Il ne me lâche pas.

Le midi, dès que nous avons déjeuné, nous allons, main dans la main, prendre l'air sur le talus, sur « notre » talus... Je croise mes copines qui m'envient. Je suis maintenant « la femme à Auguste » et on dit que j'ai eu bien de la chance. Ainsi, nous allons en promenade. Quelquefois, pour s'amuser, on imagine un petite comédie.

Auguste descend en contrebas, sur la route, et nous parlons de loin, comme si nous n'étions pas mariés :

— Alors, Marie-Catherine, comment ça va, chez vous ?

— Ça va bien, monsieur Auguste. Et votre travail ?

Et nous nous suivons, l'un au-dessus de l'autre, en bavardant. Mais mon mari ne tient pas longtemps à ce jeu. Il grimpe en courant. Et il n'est pas rare, ces jours-là, que nous rentrions précipitamment chez nous, en refermant soigneusement la porte à clef. Et on a du retard pour se remettre au métier. Moi, j'ai les jambes en coton à ces moments-là...

Et papa, mi-grommelant, mi-souriant, dans sa barbe qui, avec le temps, devient blanche, soupire :

— Ah ! mon Dieu, cette jeunesse ! Le travail n'avance guère avec elle. Il est vrai qu'on a été pareil, mais on ne s'en souvient plus.

A la fin d'avril, nous préparons notre bagage pour le départ « en campagne ». Je suis contente de retourner à la ferme Saint-Martin, avec toutefois un pincement au cœur. Pour la première fois, je vais laisser mon père et ma mère qui ne partent plus. Ils se sentent trop fatigués. Avec moi en moins, et bientôt Emérance qui va épouser le jeune voiturier de la « malle », avec lequel elle partira vivre à Cambrai, la maison se vide...

L'année d'après, ce sera Anatolie qui se mariera avec un camarade de Paul et ira s'installer près de Paris. Et mes deux pauvres vieux resteront seuls, définitivement...

Quand nous arrivons cette année-là à la ferme, nous avons droit à une petite pièce, nous aussi. On y est à l'aise puisque nous n'avons pas d'enfant. Pas encore. Nous n'en voulons pas maintenant et Auguste est un garçon très discipliné. Mon beau-frère Paul lui a fait longuement la leçon pour que, des mioches, on en ait seulement quand on les désirerait. Et il observe scrupuleusement la consigne.

Au rythme des mois, nous recommençons à deux la tâche quotidienne que nous dicte la nature et que nous imposent les saisons... Démariage, binage, épandage, moisson, arrachage. Le soleil, la pluie sont nos compagnons de chaque jour que nous acceptons avec leurs fantaisies. Courbés sur la terre, nous la servons, comme nous le ferons toute notre vie. Certes, c'est une maîtresse exigeante, dure, mais en définitive, elle nous nourrit. Auguste dit que dans les villes, souvent, ils crèvent carrément de faim. Nous au moins, on a toujours la soupe et l'air pur autour de nous... C'est pourquoi, même quand nous en avons eu l'occasion, nous n'avons pas voulu partir pour travailler en usine. On n'était pas sûrs de manger tous les jours.

A la ferme Saint-Martin, nous avons eu rapidement tous les deux la réputation d'être rudes au travail et consciencieux. A la tâche surtout, notre carnet se remplit. Je tiens les comptes, jour après jour. Au binage, Auguste s'est révélé de première force. Comme je ne pouvais guère le suivre, dès qu'il avait fini son lot, il revenait automatiquement sur le mien. Et les rayons s'ajoutent ainsi aux rayons, les gerbes aux gerbes. Le régisseur est enchanté et nous aurons la joie, au moment d'aller toucher notre tas de pièces d'argent, la veille de la Sainte-Catherine de voir qu'il a majoré nos comptes de quelques primes. Je n'ai jamais vu cela et je crois à une erreur. Je lui en fais la remarque :

— Non, ce n'est pas une erreur, madame Santerre. Vous travaillez bien tous les deux. Il est juste que l'on vous récompense...

Aussi, lorsque nous revenons en novembre, le gros porte monnaie de cuir d'Auguste est-il bien garni. Et, devançant les prévisions, nous allons payer l'ébéniste qui, du coup, nous fait une remise importante. Je suis bien contente parce que de l'argent, nous allons en avoir besoin... J'attends un enfant...

C'est en juillet, pendant la moisson, que ça nous a pris, tous les deux, l'envie d'en avoir un. Déjà, nous savions que la saison serait bonne. Un soir, au moment d'aller au lit, nous en parlons, Auguste et moi. Peut-être, tout compte fait, cet enfant, vaut-il mieux que nous l'ayons maintenant, pendant que nous sommes jeunes. Ainsi, quand mon mari aura quarante ans, le petit — ou la petite — en aura vingt. Je trouve que c'est bien ainsi. J'ai toujours souffert de voir mes parents si âgés, alors que je n'étais encore qu'une adolescente. Avec le nôtre, nous n'aurons pas ce problème...

C'est pourquoi et pour ce qui me concerne, je ne devais plus retourner en campagne jusqu'en 1914. En revanche, mon mari, lui, est parti chaque saison pendant que je restais à tisser chez mes parents en gardant le bébé...

Il vint au monde le 6 avril 1911. J'allais avoir vingt ans... Je m'en souviens comme si c'était hier...

La veille, j'ai commencé la lessive et celle de mes parents. Elle bout dehors dans une grande cuve de fonte qui sert à tout le coron. Dans l'eau, il y a des racines d'iris qu'on va déterrer dans les champs environnants où elles abondent.

Je me sens prise de malaises et, tout de suite, ma mère s'inquiète.

— Laisse le linge, je vais le rincer, me dit-elle.

Mais je ne veux rien entendre et vers onze heures, le soir, je m'y mets... Auguste est furieux et comme mes douleurs ne se calment pas, il me met au lit... On a prévenu la grosse Zulma. C'est toujours elle qui opère dans le village, immortelle, semble-t-il. Elle vient jeter un coup d'œil et son expérience ne la trompe pas :

— Je repasserai demain matin, on sera bon, dit-elle.

Auguste couche sur une paillasse au pied du lit, par terre. Il ne dort que d'un œil, se levant pour un oui, pour un non. Le matin à l'aube, il se met au ménage avec ardeur... Si bien que lorsque Zulma arrive, la maison est impeccable. La roue de brouette de cent sous plus trois pièces de un franc, sont posées en pile sur la table et ça sent bon le café, le vrai.

Auguste connaît la tradition et il a préparé aussi l'œuf, dont il mettra le jaune sucré tout à l'heure dans la tasse de la bonne femme...

Maman, elle, n'a pas voulu venir. Elle craint des complications et elle a peur que je souffre. Elle ne veut pas voir ça et demande simplement à mon mari de l'appeler si vraiment on a un urgent besoin d'elle...

Moi, je me tortille depuis un bon moment lorsque Zulma arrive enfin. Il me semble que, puisqu'elle est là, ça va aller tout seul. En réalité, ce sera moins simple que je l'imaginais et j'ai bien souffert avant que le bébé n'arrive.

Auguste, à bout de courage, a pris la fuite, éperdu, allant chercher ma mère et mon père en prédisant des catastrophes puisque je criais comme une bête. Et quand ils reviennent, c'est fini. Notre fils est là, que Zulma est déjà en train de langer soigneusement, comme elle viendra le faire pendant neuf jours, avant que je ne reçoive la permission de me lever...

Autour de moi, on s'émerveille. Les grands-parents et le père qui ne se sent plus de joie. Lorsque j'annonce mon intention d'appeler l'enfant Auguste, bêtement il se met à pleurer, comme un gosse. Il y a du café pour tout le monde, l'œuf en moins que la grosse Zulma est d'ailleurs en train de siroter avec satisfaction. Elle est contente du bon déroulement des opérations. Et, avec ma mère, elles évoquent ma propre naissance, dans la soirée glaciale de décembre avec des loups... Il y a bientôt vingt ans de cela...

Enfin, nous restons seuls tous les deux ; non, tous les trois. Il faudra que je m'habitue. Maintenant, il y en a un de plus à la maison. Mon mari n'en revient pas d'avoir fabriqué ce petit tas de chair qui s'accroche pour le moment goulûment à mon sein. Il en a les larmes aux yeux, le bougre, tellement il tête de bon cœur...

Un peu plus tard, je suis en pleine dégustation, une bonne soupe aux légumes que maman nous a apportée, lorsque l'on frappe à la porte. Auguste va ouvrir et je n'en crois pas mes yeux. Ce sont les parents de mon mari... Gauches, empruntés, ils ne savent comment expliquer leur visite.

Alors, le père Santerre attaque :

— On est venu parce qu'on a appris que vous aviez un petiot. C'est plus fort que nous, on avait trop gros cœur. Il fallait qu'on le voie.

Et sans attendre, impatients de curiosité, ils vont vers la petite caisse, pendue au plafond par quatre cordes, que mon mari a fabriquée en guise de berceau...

Et ils s'extasient à leur tour. Le visage revêche de mon beau-père est éclairé d'un sourire. Dans nos familles, l'enfant est toujours le bienvenu et quand c'est un fils, c'est mieux encore :

— C'est bien un Santerre, il nous ressemble, dit-il.

Moi, je trouve qu'il ne ressemble à personne, ce bébé. Mais je ne dis rien et Auguste non plus qui, tout compte fait, est bien content de voir ses parents. Comme il reste du café, il l'offre, laissant entendre par là que la réconciliation doit être complète. Et les vieux s'installent comme tout à l'heure mes parents... La mère s'approche de moi et elle me glisse quelque chose dans la main, enveloppé dans du papier :

— C'est une médaille de la Vierge, dit-elle à voix basse. Mettez-la à l'enfant, ça lui portera bonheur...

Pendant ce temps, le père et le fils bavardent, calmement, comme s'ils s'étaient vus la veille. Il ne sera plus jamais question de leur brouille.

— Demain, Auguste, tu viendras chercher ton métier à tisser. Il n'a pas servi depuis ton départ. Mais il est à toi et je te le donne.

Le vieux Santerre a dû faire un effort considérable pour lancer cette offre. Epuisé, il se tait et boit son café... Couchée, dorlotée, je suis bien contente que mon mari ait retrouvé les siens. Il n'en parlait pas, mais je le sentais tracassé, malheureux de cette séparation...

Pendant neuf jours, mon mari est aux petits soins pour moi. Il apprend à faire la soupe. Il lave par terre ; enfin, il s'occupe complètement du ménage entre ses heures de travail, le pauvre ! Moi, je me morfonds au lit et, au bout de quelque temps, je veux me lever, mais il ne veut rien entendre...

Ce qui fait que je ne reprends mes occupations que quelques jours avant son départ « en campagne » qui arrive bien vite, trop vite, hélas ! Je suis torturée un peu plus, au fur et à mesure que la date approche. Bien que nous ne vivions que depuis quelques mois ensemble, Auguste fait maintenant partie de ma vie et les journées sans lui pendant si longtemps m'apparaissent d'avance intolérables... En effet, avec le bébé, je ne peux le suivre...

Le matin à cinq heures, le jour du départ, je suis allée le conduire jusqu'au lieu de rassemblement des saisonniers d'Avesnes. C'était au début de mai et le soleil encore n'était pas levé. Je lui avais préparé son balluchon de vêtements, et quelques tartines de fromage blanc pour le voyage. Son bidon était empli de vrai café, une surprise qui l'attendait, du café bien sucré. Je m'étais permis cette débauche, étant donné le caractère inhabituel de l'événement...

Ils sont tous là, ceux qui partent. Et moi, pour la première fois, je les vois ainsi, mais je ne partage pas leur voyage. Et par-dessus le marché, mon Auguste, mon cher Auguste, s'en va sans moi. J'ai les larmes aux yeux et je suis bien aise qu'il ne me voie pas… Près de sept mois sans lui ! Mon Dieu, qu'est-ce que je vais devenir, sans sentir chaque soir ses longs bras m'enlacer et sans pouvoir me caler contre lui pour dormir. Ne plus entendre au petit matin sa voix si tendre me dire, pendant qu'il me secoue tout doucement : « Allons, allons, Marie-Cat. Il est l'heure… »

Je me sens prise de panique et, pour un peu, je lui demanderais de ne point s'en aller, de rester là avec moi. On se débrouillerait bien, après tout. Puis je suis honteuse de me conduire pareillement, alors que lui, il a l'air tellement courageux :

— Surtout, fais attention de ne pas prendre froid et de ne pas te laisser trop mouiller.

Ma voix grelotte et, pour me donner une contenance, j'arrange sa veste et son cache-nez de laine, comme je le ferais à un enfant. Il a l'air tout perdu lui aussi, bien qu'il crâne, qu'il fasse le fort… Il prend ma main et je la sens trembler…

Enfin, c'est l'heure. Ils vont partir. Alors, nous nous embrassons longtemps, longtemps, jusqu'à ce que, dans les premières lueurs de l'aube, une voix résonne, brutale :

— Allons, Santerre, y es-tu à la fin ?

Il y est, oui, mon pauvre grand, et il me quitte brusquement, comme s'il prenait la fuite. Je le suis un peu jusqu'au talus et, des yeux, je l'accompagne jusqu'à ce qu'il se perde dans le « chien et loup » du petit matin. Alors, j'ai l'impression que le monde s'écroule, qu'Auguste vient de mourir et, assise sur l'herbe du talus, « notre » talus, je pleure à gros hoquets, avec l'impression que je ne pourrai plus m'arrêter… C'est la pensée de l'autre Auguste, mon petiot qui attend tout seul à la maison, qui me secoue…

Cette saison d'été, je travaille beaucoup, plus encore que d'habitude, au métier. Mes parents sont obligés de me freiner. Jamais je n'ai porté tant de pièces de toile à ma semaine, chez les successeurs des Haguet. Ceux-ci, en effet, sont partis depuis l'an dernier et ils sont remplacés par de braves gens qui habitent au bout du village... Auguste, le petit, dort dans le panier que maman m'a fabriqué avec de la grosse toile et de l'osier. Il s'élève tout seul, mon « petiot ». Pas méchant, jamais malade, et ses grands-parents veillent sur lui avec tendresse. Il n'est jamais seul près du poêle, dans la grande pièce. Sans cesse l'un de nous vient le voir... Papa surtout qui, au fur et à mesure qu'il vieillit, devient d'une prudence maniaque...

Je reçois ma première lettre en juin. Ecrite par quelque camarade de travail d'Auguste, elle est tracée malhabilement et j'ai bien du mal à déchiffrer les mots, ne comprenant pas toujours bien ce qu'ils veulent dire. Mais le plus clair est que mon mari va bien et que, comme moi, il travaille comme une bête, presque autant que nous le faisions à nous deux, pour que la somme recueillie en novembre ne soit pas trop inférieure à celle que nous avons touchée l'an dernier...

Je lui écris, moi aussi, trois ou quatre lettres par semaine. Pour la première fois de ma vie, je me rends compte de l'utilité qu'il y a de savoir le faire. Et j'aime davantage mes parents depuis lors, qui m'ont permis d'apprendre. Ainsi le soir, très tard, la petite lampe à pétrole brûle dans la salle, cependant que sur le cahier d'écolier acheté chez l'épicier avec une petite bouteille d'encre et une plume qu'on appelait baïonnette, je m'applique à donner de mes nouvelles à mon mari.

Je ne lui fais grâce d'aucun événement de notre pauvre vie à Avesnes. Mais comme ce n'est pas lui qui lit tout cela, il y a beaucoup de choses que je ne peux lui confier. Le besoin que j'ai de lui à certains moments aussi bien au lit qu'auprès du métier... Il me manque. Il me semble que je suis une autre personne, sans aucun rapport avec moi... Heureusement que j'ai Auguste, le petit, qui m'empêche souvent de m'ennuyer davantage. Il pousse bien, solide comme un enfant de pauvre, avec de bons gros os et un robuste appétit.

Le petit Alfred, mon filleul, qui va sur ses quatre ans, aime beaucoup son cousin. Il vient le voir souvent et ses parents avec lui. Ces visites le soir, au retour de la cave, alors que je suis souvent épuisée, me font du bien. Nous parlons de mon mari, l'absent de ces réunions, et Paul prétend que nous devrions faire comme eux, ne plus partir. Mais Paul n'a pas, comme nous, le goût des travaux de la campagne... Et ça n'arrange pas ses finances qui ne sont guère reluisantes. Je les devine plus malheureux que nous et ça me fait de la peine. Ils sont tellement gentils, Paul et Lucie ! Alors, parfois, je leur dis de venir avec moi manger la soupe. Ces soirs-là, je la fais plus épaisse et ils sont contents. Je suis sûre qu'Auguste approuverait ces quelques sous de dépenses supplémentaires. Il est comme moi, il n'aime pas que les gens manquent de tout...

C'est au mois d'août que je me suis le plus ennuyée. Le 15, c'est la ducasse, la fête au village. Je n'en ai jamais manqué une, bien que je n'aie pas un sou à y dépenser. Mon père nous laissait toujours quelques heures pour y aller. Cette fois, j'y vais avec Auguste dans son panier...

Sur le « communau », il y a quelques baraques : un tir à l'arc où l'on gagne des casseroles, un autre avec une roue crantée qui s'arrête sur un objet. On emporte quelque chose à tous les coups, un petit miroir de poche, ou un couteau, ou encore un collier de perles.

Il y a aussi Mme Joubert qui, depuis des années, vient à la fête. Elle vend des sucres d'orge avec de grandes plumes au bout et puis elle fait des gaufres qui sentent bien bon. Il y a aussi ce jour-là, au village, des concours de quilles et des combats de coqs. Elles me rendent malade, ces batailles, mais c'est plus fort que moi, il faut que j'y aille. Justement, au moment où j'arrive, le crieur annonce un premier combat et, derrière les spectateurs, j'allonge le cou pour voir mieux, gênée par le panier d'Auguste. Et j'aperçois les deux coqs, armés de longs éperons d'acier, le cou déplumé, se fixant de travers, de leurs yeux cruels. On prend les paris. Des chefs de famille laissent là leur salaire de la semaine, ce qui est bien regrettable, à la fois pour leur argent et pour les coqs. Pauvres bêtes, obligées ainsi de se battre jusqu'à la mort, le vainqueur ne valant guère mieux que le vaincu ! Une fois de plus, je m'en vais, outrée, avant la fin. Et je continue ma promenade. Je vais faire une folie. En repassant devant chez Mme Joubert, j'achète un sucre d'orge jaune et vert en spirale, terminé par un petit plumet bleu.

Je le donne le soir même à Alfred qui n'en croit pas ses yeux. Je m'en souviendrai toujours, de ces yeux. Un émerveillement infini. C'est tellement extraordinaire pour lui, ce bonbon, qu'il n'ose même pas le sortir de son papier d'argent. Et puis, quand c'est fait, il le suce gravement, tout doucement, avec une joie si complète que je regrette de ne pas l'avoir pris plus gros.

Et c'est alors que regardant Paul, son père, je m'aperçois qu'il pleure, en essayant en vain d'arrêter ses larmes, comme un homme qui a honte de se faire surprendre. Pauvre Paul, lui si moqueur et apparemment toujours prêt à se ficher de tout ! Ce soir de ducasse, je me couche bien contente. Je ferai un peu plus de mouchoirs cette semaine...

Pendant l'absence d'Auguste, je prends une habitude. Trois fois par semaine, tout de suite après la soupe de midi, je vais avec mon bébé voir les grands-parents Santerre. Ils attendent cette visite avec impatience et bien qu'ils n'aient guère le loisir de s'arrêter de tisser, ils le font quand même, quelques minutes, pour embrasser l'enfant et le cajoler.

Ici aussi, comme dans la plupart des autres maisons du coron, c'est la misère. Oh, pas une misère sale, comme on la voit trop souvent dans les livres. Non, une misère bien propre, dans une maison récurée, nettoyée. Moi qui me plains, je suis riche à côté d'eux.

Ils ne sont que deux à travailler et ils sont vieux. La mémé fait les trames et le pépé est au métier. Tous les enfants sont partis, éparpillés dans la région comme ouvriers agricoles, tâcherons ou bûcherons. Et ils sont seuls. Je calcule souvent. Ils doivent vivre avec cent sous par semaine. Du pain et des pommes de terre. C'est tout.

Comme le père Santerre n'a plus la force d'aller chercher son poussier et qu'il ne peut, certaines semaines, payer la marne pour les briquettes, ils ne font qu'une flambée de bois mort pour cuire les aliments.

Mais, dans cette vie faite toujours de privations, aucun des deux ne se laisse aller. Ils sont d'une propreté stricte et je sens en les embrassant une forte odeur de savon vert. Mais on chercherait en vain, sur le buffet, sur la table, la moindre mie de pain. Un jour, je leur porte un petit paquet de chicorée. J'ai vu qu'ils ne boivent que du tilleul, comme ça, sans sucre. Le pépé va le chercher, ce tilleul, sur les grands arbres qui bordent l'entrée du château et il le met à sécher…

Néanmoins, jamais je ne les entends se plaindre. Pas un mot, pas un regret. Des heures et des heures à tramer, à tisser avec l'idée fixe d'atteindre un nombre minimum de pièces à livrer. Faute de quoi, on risque de crever, tout simplement ! Chez mes parents à moi, c'est plus supportable. Mon père est beaucoup plus habile que celui d'Auguste. C'est, dans une certaine mesure, ce qui leur permet de tenir mieux, bien que, là non plus, ce ne soit pas la richesse… Mais au moins, la misère est moins méchante…

Quand approche la Sainte-Catherine, je ne tiens plus. Enfin, mon mari va revenir… Et le jour annoncé du retour, bien avant l'heure, je guette sur le talus l'arrivée du cortège.

Il fait très froid, cette année-là. La bise mordante du Nord qui galope dans la plaine depuis Cambrai vient mourir dans notre coron, où elle tourbillonne rageusement, comme pour se venger d'être venue s'y enfermer… Les yeux et le visage rouges, hachés par le vent, je guette, je guette. Enfin, en haut de la côte, voici les premiers rentrants qui marchent tête basse, pour ne pas prêter trop de résistance au souffle glacial. Et je le vois, lui, au milieu du troupeau, parce qu'il est plus grand que les autres, enroulé dans sa couverture et me cherchant des yeux. Il me voit. Alors, il part d'un tel galop qu'il laisse le reste du cortège presque sur place…

Ah ! quand je sens ses bras se refermer sur moi, tout de suite, je n'ai plus froid ! Il est là, mon grand, bafouillant de joie, m'enveloppant dans la couverture…

— Ça va, Marie-Cat ?… Ça va, Marie-Cat ?

Il ne sait que répéter cela sans arrêt pendant que je le rassure :

— Mais oui… mais oui, ça va… et toi ? Et toi ?

Ainsi, pendant ce dialogue où l'on ne s'occupe que de l'autre sans se préoccuper des réponses, nous nous retrouvons, aussi tendres, aussi amoureux, que nous le serons notre vie entière… Alors seulement, il s'inquiète du petit… En toute circonstance, ce sera ainsi. Toujours, dans son cœur, je passerai avant l'enfant, comme dans le mien, il avait aussi priorité absolue…

Et, enlacés, nous rentrons, bien au chaud dans notre maison où le petit poêle, bourré de briquettes jusqu'à la gueule, fait bouillir consciencieusement la soupe. Auguste, qui a embrassé longuement le bébé et l'a tourné dans tous les sens, pour vérifier, semble-t-il, qu'il est bien entier, avale maintenant des assiettes et des assiettes de potage. Tout le fait-tout y passe. Il est affamé par le long voyage.

Je le trouve plus maigre encore que lors de son départ, plus fatigué par la vie qu'il vient de mener pendant près de sept mois, aux champs de l'aube à la nuit, luttant sans arrêt contre la terre pour lui faire rendre ses richesses, ceci par tous les temps pour ne pas lui laisser les garder, dans un combat de tous les jours...

Je me suis accordé la soirée. Et, après le dîner, Auguste me raconte longuement sa saison, une saison pourrie, des pluies de printemps presque ininterrompues, une moisson coupée d'orages d'une violence telle que les javelles s'éparpillaient comme des fétus de paille, les faucheurs et les ramasseurs fuyant sous le déluge, aiguillonnés par la peur ancestrale de la foudre meurtrière...

Ce fut grave sans doute, puisque, me dit Auguste, un jour sur deux, on n'entendait point l'Angélus, à l'église voisine, cet Angélus qui, notre vie durant, a arrêté notre travail quelques secondes pour le recueillement quotidien et que, mon mari et moi, nous avons observé bien longtemps, même lorsque, plus tard, les cloches ne l'annonçaient plus...

La mauvaise saison n'a point, heureusement, empêché Auguste de rapporter un porte-monnaie bien garni. Mais à quel prix ? Très cher sans doute, et je le devine en regardant son visage tanné et creusé, ses mains plus noueuses, plus crevassées qu'au départ...

Ce soir-là, dès que couché, mon mari s'endort comme une masse, d'un seul coup... Je l'ai laissé se mettre au lit avant moi, le sentant rompu de fatigue, et j'ai eu bien raison. La lampe élevée au-dessus de sa tête, je le regarde dormir, assommé, et goulûment, comme il a mangé. Son grand corps s'étale sous les couvertures pour mieux digérer ce repos féroce qu'il attendait... Il dormira comme ça jusqu'à sept heures, sans autre mouvement que celui de sa poitrine, soulevée régulièrement, se rassasiant de sommeil, enfin tranquille, chez lui, à l'abri de tout souci pour les siens... Je me suis glissée près de lui tout doucement, en tenant le moins de place possible. Et quand il se lève, je suis déjà partie au métier. Mais, sur la table, deux grosses tartines l'attendent, doublées d'une couche de fromage blanc bien salé et poivré, comme il l'aime. Et sur le petit poêle, sa chicorée est tenue chaude...

# Chapitre V

Depuis quelque temps, j'ai un grand projet… Trouver une maison plus grande avec une cave où nous pourrions installer nos deux métiers et qui nous permettrait de vivre complètement chez nous, sans déranger mes parents. Une chance s'offre à nous. Des voisins s'en vont pour rejoindre leurs enfants, du côté de Lyon. Leur maison est exactement semblable à celle où j'ai vécu enfant.

Nous allons payer cinq francs de plus par mois, mais étant donné que nous n'aurons plus à faire les allées et venues pour revenir chez nous prendre les repas, nous y gagnerons notre temps.

Après avoir obtenu l'accord du propriétaire, nous déménageons nos quatre hardes, comme dit Auguste, et il n'y a pas besoin de déranger un camionneur pour ça. C'est vite fait ! Quelques jours avant, mon mari a été chauler les murs de la salle et de la cave et il a récuré soigneusement le pavé rouge qui brille comme si on l'avait encaustiqué…

Quelle joie de nous trouver définitivement chez nous ! Les deux métiers ont été transportés à la cave, où nous avons nos aises. C'est Paul qui est venu aider Auguste. Mon père m'a fait cadeau du mien. Il n'a rien voulu entendre quand j'ai parlé de le lui payer, parce que, après tout, il lui appartient. Maman nous a offert de continuer à faire nos trames et elle m'a fait plaisir. Ça me préoccupait. Nous lui donnerons chaque semaine trois francs pour ce travail, ce qui l'arrange bien…

L'hiver se passe ainsi jusqu'au nouveau départ d'Auguste en saison. Je ne peux toujours pas l'accompagner, mais je me fais une raison et lui aussi. Tant que le bébé aura besoin de moi, il en sera ainsi.

Pendant que mon mari est parti, je travaille davantage encore et nous commençons à avoir quelques sous devant nous. Ils sont cachés dans un pot avec de la farine par-dessus, de peur des voleurs. Quand j'ai une pièce de cinq francs, en argent, je la fourre dans le pot en l'enfouissant dans la poudre blanche. On fit ainsi longtemps, si bien que nos quelques économies étaient toujours blanchâtres et laissaient dans la main des traînées de farine…

Les lettres d'Auguste, ou plutôt celles qu'il fait écrire, marquent ainsi ses semaines d'absence. Elles vont avec le rythme du travail et des saisons. Par la pensée, je suis avec lui et nous allons ensemble dans les champs. Ça me coûte de ne plus y aller, le grand air me manque…

Auguste, le petit, pousse bien. Souvent, je le laisse chez mes beaux-parents, ce qui me permet de leur apporter en récompense des pommes de terre, un peu de lard qu'ils accueillent avec joie…

Quand notre fils atteignit ses trois ans, le 6 avril 1914, il était entendu que je repartirais avec mon mari « en campagne ». Mes beaux-parents avaient accepté de s'occuper de l'enfant, moyennant dix francs par mois…

Je suis heureuse à la pensée de retourner à la ferme Saint-Martin. Mais comment deviner que je m'en vais pour toujours, ou presque, cette année-là ! Comment soupçonner que je ne reverrai plus ma pauvre mère ; qu'un terrible bouleversement se prépare qui va bousculer notre vie, couper des familles, séparer à jamais des frères de leurs sœurs, des enfants de leurs parents ?…

Nous ne savons rien des nuages qui s'amoncellent vers l'Est, puisque ce ne sont pas des nuages de notre ciel à nous. Certes, par moments, chez le boulanger, les demoiselles du château parlent bien de curieuses choses, qui se passent en des pays lointains dont les noms sonnent revêches et difficiles à retenir dans mon oreille : l'Autriche-Hongrie, la Serbie, la Bosnie-Herzégovine. Là-bas est en train de naître, sournoisement et sans que nous en ayons du tout conscience, un affreux drame qui va semer la mort, la ruine, le deuil, jusque dans notre petit village si ignorant, si indifférent pour l'heure à ce qui l'attend, tout à ses propres soucis qui sont le tissage, la moisson, la récolte des betteraves...

Il fait très beau lorsque, ce matin du 5 mai, nous quittons Avesnes dès l'aube, pour aller rejoindre, à douze kilomètres de là, la gare de Cambrai. La veille, j'ai été embrasser mes parents. Est-ce un pressentiment ? Ma mère est plus grave que jamais. Elle se sent vieillie et fatiguée...

— Si je ne te revoyais pas, « nos Marie », pense à ton image de première communion qui est dans la boîte aux papiers, me dit-elle...

Je la rassure en riant. Mais elle reste inquiète. Elle a senti, au-dessus de sa tête, passer l'ombre de la mort...

Longuement, nous avons embrassé notre petiot, tout potelé, rieur, qui parle maintenant et que ses grands-parents couvent religieusement...

Sous le ciel bleu, la gare de Cambrai, où nous prenons le train, est moins triste que d'habitude. Ses longs murs de brique rouge s'égayent encore de parterres de fleurs printanières, qui auront juste le temps de se faner avant d'être enterrées par les obus...

Après l'installation à la ferme, commencent les travaux auxquels nous sommes désormais habitués et que je retrouve, je pourrais presque dire avec joie, encore qu'ils ne soient pas tous agréables.

Dans les champs, c'est le grand mouvement des ouvriers, domestiques à l'année ou saisonniers, qui s'acharnent à la tâche au milieu des lentes évolutions des chars à bœufs... A l'époque de la moisson, je ne vois pas apparaître les faucheurs belges. Dans la cour, nous regardons, éberlués, l'étrange engin arrivé depuis une semaine qui va les remplacer.

Une énorme machine biscornue, pleine de leviers, de manettes, et portant au ras du sol de longues pointes acérées qui la font ressembler à un appareil de guerre. C'est une moissonneuse-lieuse, la première que nous allons voir fonctionner des heures et des heures, au pas régulier des chevaux ardennais qui la tirent. Devant elle, le blé se couchera comme par miracle, avant d'être happé et bottelé, pour finalement s'échouer sur le côté où nous n'aurons plus qu'à le gerber…

C'est ce que nous faisions le 3 août par une chaleur accablante, dans l'odeur forte de la paille fraîchement hachée et de la transpiration des ramasseurs.

Soudain, à l'église voisine, éclata un carillon furieux, désordonné, extraordinaire…

— Le tocsin ! cria quelqu'un dans la plaine. Il y a le feu dans le pays !

Alors, sur la route bordant le champ, on vit des hommes courir en criant. Mais on n'entendait point ce qu'ils disaient. Et sur leur passage, les ouvriers, après une seconde de saisissement, partaient eux aussi au galop, pris de folie… Bientôt, la plaine fut agitée d'un vent de panique. Au fur et à mesure que les cris leur parvenaient, tous se mettaient à courir. Mon mari et moi nous regardions sans comprendre, lorsque nous reçûmes en pleine figure la nouvelle qu'un voisin lançait à son tour :

— La guerre, c'est la guerre !…

Nous étions stupéfaits. Et je me souviens qu'Auguste, se tournant vers moi, me dit :

— La guerre, mais quelle guerre ?

Alors, abandonnant notre « sape », le petit crochet avec lequel on remuait les bottes, nous partîmes nous aussi, le plus vite que nous le permirent nos jambes, vers la ferme… Tous y allaient d'ailleurs, dans le grand besoin qu'ont les hommes de se grouper, dès qu'éclate une catastrophe…

Dans la cour, il règne une animation que je n'y ai jamais vue. Les hommes d'ordinaire si calmes, si mesurés dans leurs mouvements, sont pris de délire. Poussés par leurs charretiers, les chevaux débouchent au grand trot, cependant que les bœufs aiguillonnés jusqu'au sang se hâtent, bien malgré eux. Dans ce va-et-vient de charrettes et d'animaux, des phrases éclatent sans suite : « Mobilisation générale… — Quel malheur, quel grand malheur ! — Il faut que je parte tout de suite... — Bon Dieu, où est donc mon fascicule ? — C'est les Allemands qui attaquent... — Ça devait finir comme ça... »

Le régisseur, blanc comme un linge, réussit au bout d'un moment à se faire entendre :

— C'est grave, mes amis. Il faut garder notre sang-froid. Ceux qui doivent partir peuvent le faire tout de suite. Nous allons les payer rapidement.

Auguste ne sait plus où il en est... Heureusement, dans les papiers que nous traînons partout avec nous, je retrouve son bulletin d'ajournement, celui qu'on lui a remis à Cambrai peu avant notre mariage. Il était revenu du conseil de révision en disant qu'on n'avait pas voulu de lui, parce qu'il était trop maigre pour sa taille...

Consulté, le régisseur qui se prépare aussi à rejoindre la caserne, lui conseille de se présenter à l'autorité militaire à Dieppe, la ville la plus proche... Auguste y restera deux jours avant de revenir avec un nouvel ajournement. Ainsi me seront évitées les angoisses que je lis maintenant dans les yeux des innombrables femmes qui m'entourent. Mon mari ne partira pas, sans que l'on sache bien pourquoi, puisqu'il n'est jamais malade. Mais je dois dire que l'on ne s'en plaint pas et que l'on ne cherche point à comprendre... Pour un kilo qui lui a manqué, il aura peut-être sauvé ainsi sa vie et s'évitera-t-il bien des souffrances...

Nous faisons nos bagages en hâte, inquiets du sort de nos parents et du gosse restés là-bas à Avesnes. Tout ceci nous demande quelques jours et lorsque nous nous présentons à la gare pour le retour, nous ne savons pas ce qui nous attend...

Au moment de nous délivrer notre billet, l'employé a un hochement de tête et il appelle le chef de gare. Celui-ci est grave lorsqu'il prend connaissance de notre destination :

— Vous ne pouvez aller là, mes pauvres enfants, dit-il. La gare de Cambrai est en flammes. Elle vient d'être bombardée...

Nous sommes désespérés, écrasés par cette guerre qui va si vite... Se ruant sur la Belgique, les Allemands vont ensuite envahir la France. Notre village, si proche de la frontière, sera l'un des premiers atteints...

Nous allons, pendant de longs mois, vivre dans l'angoisse du sort des nôtres, avant d'apprendre que les parents d'Auguste se sont enfuis avant l'arrivée des Boches, emmenant notre fils en Bretagne, en un lent mais sûr voyage en voiture à cheval, dans laquelle les a emmenés un fermier complaisant. Mes parents sont, eux, restés à Avesnes.

Pour le moment, nous rejoignons la ferme Saint-Martin qui, tous les jours, se vide de ses hommes, mais où reviennent toutes les femmes, rejetées comme nous par les employés de la gare qui refusent de les laisser partir pour ne point encombrer le trafic. Où iraient-elles, d'ailleurs ? La plupart sont de la même région que nous. Elles seraient bloquées à des kilomètres de leur maison. Au moins, ici, ont-elles un toit et du pain...

Le régisseur, qui s'apprête à partir, fait appeler mon mari dans son bureau :

— Santerre, j'ai confiance en vous, vous êtes un bon ouvrier. Puisque vous avez la chance de rester là, je vous confie le travail. Faites pour le mieux avec ceux que vous aurez autour de vous. Débrouillez-vous !

Auguste se débrouillera en effet, mais non sans mal. Il lui faut finir la moisson commencée en réunissant les femmes, les jeunes qui ne sont pas encore mobilisables, les vieillards qui ne le sont plus. Il apprend à manœuvrer le monstre à lames qui fauche le blé. Et il réussit le miracle... Début septembre, le blé est engrangé tant bien que mal. Seule sera perdue, en octobre, une partie de la récolte des betteraves. Aussi courageux que soient ceux qui restent, ils ne peuvent remplacer les bras robustes des hommes qui, là-bas, au loin, sont en train de se battre et de mourir...

En novembre, nous recevons une lettre de Paris. C'est la compagnie agricole qui nous emploie et qui fait savoir à mon mari qu'il lui faut aller s'installer près de la sucrerie d'Avay pour y aider à la fabrication...

On nous donne un logement très convenable, quatre pièces où nous nous installons. Je me félicite d'avoir quelques économies avec lesquelles nous achetons des meubles d'occasion et une cuisinière.

Si ce n'était l'ignorance dans laquelle je me trouve du sort de tous les miens et surtout de mon fils, je serais à cette date parfaitement heureuse. Mais quel cauchemar pendant quelques semaines ! Je me réveille la nuit en sueur, ayant rêvé que mon petit était enfoui sous les ruines de la maison, ou bien qu'il venait d'être emmené par les Allemands... Ou bien encore que des soldats l'avaient égorgé. Il courait tellement d'histoires sur les troupes ennemies que les gens en avaient la tête fêlée. On disait que les soldats coupaient les poignets des garçons pour les empêcher de se battre plus tard et qu'ils tranchaient les seins des femmes pour qu'elles ne puissent allaiter.

Avec d'aussi affreux détails, on croyait ce que l'on racontait et notre sommeil n'en était pas facilité...

Quel soulagement quand arrive une lettre de Saint-Quay, en Bretagne ! Mes beaux-parents me font dire qu'ils sont bien arrivés là-bas et comment ils ont pris la fuite, dès l'annonce de l'arrivée des Allemands.

Ils racontent aussi leur voyage interminable en charrette, avec le fermier qui nous vendait la viande...

Tout le Nord fuyant ainsi l'envahisseur avec des chevaux, des bœufs, des voitures à bras, des brouettes, des troupeaux entiers de pauvres gens, quelquefois les mains vides tant leur départ avait été précipité... Et au milieu de tout ça, des animaux : des vaches, des moutons, des chèvres, des ânes, emmenés par leurs propriétaires dans un désordre invraisemblable...

Plus d'une fois, tout ce peuple affolé s'était vu refuser le passage par des barrages militaires français et on l'avait dévié par des routes de campagne, des chemins à ce point inconnus que les fuyards s'y perdaient, échouant dans des fermes isolées où l'on ne pouvait rien pour tant de monde et d'où on les renvoyait, toujours plus loin...

Aux environs d'Amiens le fermier, désespéré, avait bien cru devoir renoncer à aller plus loin. Le troupeau des réfugiés s'était trouvé mélangé à des convois de l'armée française qui montaient en ligne ; de l'infanterie d'abord et ça alla à moitié. Mais ensuite, était arrivée l'artillerie et la pagaille devint effrayante : les gros chariots agricoles s'embarrassaient avec les lourds attelages de caissons et de canons, dans un enchevêtrement incroyable. Les artilleurs, réputés pour leur amour de la correction et de l'ordre, juraient comme des païens devant cet ennemi inattendu, qui ralentissait leur marche impeccable vers le feu.

Le pire, c'étaient les batailles de chevaux dans ce remue-ménage. Ceux des agriculteurs, de solides ardennais ou des percherons, avec ceux de l'artillerie, nerveux et secs. En se croisant, ils s'empoignaient la crinière avec des hennissements désespérés, cependant que leurs maîtres échangeaient des grossièretés et parfois même des coups...

Ce n'était guère qu'en arrivant vers Rouen que les fuyards — çà et là, on les appelait déjà des « émigrés » —, avaient rencontré enfin le calme. Et leur voyage vers la Bretagne s'était achevé à peu près régulièrement...

Les vieux Santerre, qui n'avaient jamais quitté leur village, n'en revenaient pas d'un pareil tohu-bohu, effarés des paysages inconnus qui défilaient sous leurs yeux et auxquels ils n'étaient pas habitués.

La lettre qu'ils nous envoyaient, avec un grand luxe de détails, avait été écrite par une institutrice de Saint-Quay dont ils avaient fait la connaissance. Elle avait adopté le petit Auguste qui, soulignait-elle, se portait bien, solide et bavard, profitant au maximum de l'air de Bretagne...

Enfin rassurés sur le sort de notre fils, nous le sommes peu après sur celui de mes parents, de qui le curé nous donne des nouvelles. Ils s'inquiètent pour nous et nous font savoir qu'ils vont bien. C'est la compagnie de Paris qui nous fait parvenir le message, dont nous ne saurons jamais comment il lui est arrivé...

Après avoir envoyé un mandat de vingt francs — tout ce qui nous reste — aux vieux Santerre qui sont sans rien là-bas, en Bretagne, Auguste et moi décidons de nous rendre à Saint-Quay pour aller les chercher et les ramener avec nous.

Mon mari ne vit plus de savoir ses parents sans ressources. Mais il y a un *hic*. Nous n'avons plus d'argent. Je fais part de mes soucis à la femme du régisseur que j'aide désormais à la ferme, pour faire la cuisine, le ménage, la lessive, sans presque plus aller aux champs. Je viens ainsi tous les jours à pied depuis Avay où nous habitons.

Quelque temps après, elle nous remet cent francs, vers le début de janvier 1915.

— C'est, nous dit-elle, une prime offerte par la compagnie, pour récompenser votre mari qui fait tant d'efforts pour les récoltes.

Profitant de la saison creuse et ayant obtenu quelques jours de congé, nous partons au début de février. Quel voyage ! Nous devons aller de Dieppe à Paris et de Paris vers Brest.

A la gare Saint-Lazare, nous manquons d'être emportés par le flot des voyageurs. La grande salle d'arrivée grouille de militaires. Nous n'en avons jamais vu tant. Et tous ne parlent que d'une chose, la guerre. Dans le train qui, ensuite, nous emmène vers la Bretagne, c'est l'objet unique des conversations.

Des permissionnaires, des blessés, les bras en écharpe, le visage couvert de pansements, racontent des horreurs. Là-haut, dans l'Aisne et dans le Nord, notre province, les Allemands, disent-ils, commencent à employer les gaz. Et leur voix tremble de peur en évoquant l'infernale invention qui fait mourir les combattants à petit feu, malproprement, les poumons rongés, sur des lits d'hôpitaux où l'on ne peut rien pour eux, hurlant de douleur et implorant pour qu'on les achève...

Quelle époque affreuse et comme je me réjouis, égoïstement, de savoir Auguste à l'abri de ces abominations !...

A Saint-Quay, nous trouvons notre fils et mes beaux-parents en bonne santé. Ils sont fous de joie de nous revoir. Ah ! comme il est bien loin désormais, le mauvais caractère du grand-père ! Il pleure en nous revoyant, comme un enfant, à gros sanglots pénibles et que nous ne pouvons calmer.

Lorsqu'ils ont fait leurs bagages, nous repartons immédiatement. On ne peut pas s'offrir trop de vacances. Nous ramenons tout le monde à Avay et nous installons les Santerre provisoirement chez nous, avant que la compagnie nous autorise à les loger dans une pièce meublée de la ferme...

Nous les aurons à charge pour le reste de leur vie. Oh, ils ne nous coûteront pas bien cher, les pauvres ! Habitués à une vie de moine, ils ne réclament jamais rien, se contentent de peu, de très peu. Néanmoins, ce sera pour nous un bien gros handicap. Mais nous n'oublions pas ce qu'ils ont fait pour le petit. Nous ne l'oublierons jamais et ils ne manqueront pas une seconde du nécessaire... Et longtemps d'ailleurs, ils continueront à nous être utiles, faisant des miracles pour nous rendre service. Ils s'occupent de mon fils et le grand-père a cultivé derrière la ferme un bout de jardin dont il tire une avalanche de légumes. La grand-mère, elle, entretient mon linge avec une minutie et une patience incroyables. Plus on leur conseille de se reposer, plus ils continuent à se dévouer. Ils iront ainsi jusqu'à la dernière limite de leurs forces, en gens habitués à ne pas s'écouter...

Ainsi vont les mois jusqu'à la fin de 1915. Quel triste Noël, cette année-là ! Dans l'église d'Avay, il n'y a que des femmes et des vieillards à la messe de minuit. On voit aussi dans le chœur quelques permissionnaires, des blessés surtout. Le curé prêche à tous le courage et la résignation en cette époque abominable... Je pense à mes parents et je prie pour eux, me revoyant en leur compagnie pendant mon enfance. Ils me manquent, mes parents, et je m'ennuie de maman... Comment me douter qu'elle est morte, ma malheureuse mère, depuis plus de quatre mois ? Je ne l'apprends que plus tard, en février 1916. Je reçois une lettre marquée du cachet de la Croix-Rouge avec la mention « Courrier des Territoires Occupés ». Elle est bien écrite, cette lettre, bien nette et très longue. C'est le nouveau prêtre d'Avesnes — l'ancien est mort —, qui nous l'envoie.

Il y raconte, sans omettre aucun détail, ce qui est arrivé à ma mère...

Dès le début de la guerre, mon frère Léandre, qui habite Cambrai, a été mobilisé. Ce départ, suivi de près par celui de Paul, le mari de Lucie, et notre absence commencent à agir sur maman, déjà vieillie et très fatiguée. Elle s'inquiète pour nous tous. Le pire est qu'elle n'a pas de nouvelles, sans aucune possibilité d'en obtenir, dans l'incroyable désordre qui suit la déclaration de guerre. Par-dessus le marché, comme mon père, elle ne sait pas lire, ce qui l'isole de toutes choses... Les informations les plus contradictoires courent de bouche à oreille...

Et c'est ainsi que, vers la fin de 1914, lui parvient par ce canal un affreux bruit : mon frère Léandre, lui dit-on, vient d'être tué en Argonne...

Qui lui apporte cette nouvelle ? On ne le sait pas, on ne le saura jamais… Bien qu'aucun papier officiel ne lui confirme cette mort, pour ma mère, c'est le coup de grâce. Ainsi, ce second fils a disparu lui aussi. Le premier, brûlé vif tout enfant, et celui-là maintenant qui lui est ravi, également dans des conditions affreuses, on ne peut en douter…

Alors, la pauvre femme sent qu'autour d'elle, tout s'écroule… A quoi bon, toute sa vie, avoir travaillé, travaillé sans même savoir ce qu'on mangerait le lendemain, si maintenant ses enfants qui sont sa seule joie de vivre, lui sont enlevés, arrachés à son entourage ou en terrés dans un trou d'obus ?

Mon père, bien diminué physiquement, ne lui est plus d'un grand secours. Il ne réalise pas bien tout ce qui arrive. Son attention unique, c'est le métier sur lequel, des heures et des heures, il continue à tisser, par une habitude trop vieille pour qu'elle puisse disparaître. Dieu merci, il leur est resté ça pour manger. En effet, les industriels qui les emploient ont recommencé à fabriquer tout de suite, pour l'occupant, et les commandes continuent d'affluer…

Le nouveau curé, très jeune et infirme, qui vient de prendre son poste à Avesnes, est bouleversé par ce drame, par ce couple misérable, par cette existence de chien au spectacle de laquelle il n'est pas encore habitué.

Un jour ma mère épuisée, anéantie, usée, se couche dans la salle commune. Elle ne quittera plus ce lit où elle a mis au monde treize enfants qui, à l'exception de Lucie, restée près d'elle, sont dispersés ou sont morts… Le courage qu'elle a montré pour nous toute sa vie, elle ne l'a plus maintenant…

Et le prêtre raconte :

— Un lundi matin, deux dames de la Croix-Rouge sont entrées dans la maison. Elles étaient tout heureuses et brandissaient un papier : « Madame Gardez, madame Gardez, nous avons des nouvelles de votre fils Léandre. Il va aussi bien que possible. Il est prisonnier en Silésie. » Mais notre mère a paru ne pas entendre. Toute blanche, elle ne réagissait plus. Elle est morte le soir même à neuf heures.

J'étais effondrée. Ainsi, maman était morte. Depuis longtemps déjà, elle reposait dans le petit cimetière et je n'en savais rien. Pauvre maman... Il me semblait l'entendre encore me parler à l'oreille :

— Si je ne te revoyais pas, « nos Marie », pense à ton image de première communion qui est dans la boîte aux papiers.

Et, remontant plus loin, le jour où j'étais devenue jeune fille :

— Tu sais bien que chaque mois, ton papa ne couche pas dans le lit, mais il dort par terre, roulé dans une couverture...

Elle avait soixante-huit ans quand Dieu l'a ramenée près de lui. C'est bien loin maintenant dans ma tête, mais jamais je n'ai oublié ma mère. C'était une sainte, une femme comme on n'en fait plus. Son unique consolation finalement, c'est peut-être un peu celle qui est la mienne. Elle fut heureuse avec mon père parce que leur vie dure, parfois misérable, fut sans cesse marquée par une tendresse de tous les instants, les malheurs et les joies étant partagés toutes les minutes, toutes les secondes...

La fin de la guerre nous surprit autant que son début. Elle durait depuis si longtemps que l'on ne croyait plus que ça s'arrêterait un jour. Et lorsque, en novembre, le carillon de l'église d'Avay se mit à sonner joyeusement, on ne s'attendait pas du tout à ce qu'il nous annonçait. Et bientôt, dans les rues du village, ce fut l'allégresse. Des femmes sortaient sur le pas de leur porte, des enfants couraient en criant et des vieux, dehors, pleuraient comme des gosses...

Mon beau-père avait été prévenu l'un des premiers. Depuis quelques mois et malgré son grand âge, il avait accepté un emploi de cantonnier. Il n'y avait plus d'hommes pour nettoyer les chemins et enterrer les gens... Il vint chez nous transfiguré. Il ne savait pas encore qu'un de ses fils était mort quelques jours avant, au feu, à la ferme de Navarrin. Cela fit partie du triste lot que nous apporta l'avenir. Des deuils et des blessés aussi. Des ouvriers agricoles qui rentraient amputés, aveugles, gazés, ou d'autres que l'on appela « les gueules cassées » à cause de leur visage couturé, mal réparé, et que l'on commença à voir revenir lentement... Quel cortège et que de stupeur dans les gares, où les femmes allaient attendre leurs maris, de les retrouver comme ça, infirmes, malades, désespérés de n'être plus utiles à rien ! Au début, on eut l'impression que tous ceux qui revenaient étaient atteints. Ce n'est qu'ensuite qu'arrivèrent les rescapés complets, qui n'avaient pas même une égratignure. Mais, comme leurs camarades, ils restaient graves, tristes, ne riant plus, parlant peu. Ils venaient de vivre un enfer de quatre ans qu'ils n'oublieraient pas.

Peu après l'armistice, Auguste et moi, nous décidons de rentrer chez nous, à Avesnes. Nous sommes pressés de retrouver notre maison du coron et de revoir mon père...

Nous liquidons à la hâte nos meubles, la vaisselle, le linge, et ne gardons que le nécessaire...

Cette fois, on nous délivre ce billet pour Cambrai que l'on nous avait refusé quatre ans plus tôt. Que le voyage me paraît long ! Je ne vois pas l'heure d'arriver.

A Cambrai, enfin, dont la gare n'est qu'un amas de ruines mal ramassées encore, Auguste veut que nous prenions la voiture, « la malle » qui nous arrête au bas de « notre » talus...

Que d'émotion en retrouvant ces lieux familiers et inchangés, nous semble-t-il ! Et pourtant ! Quand nous essayons d'ouvrir notre serrure, elle résiste et la porte de notre maison s'ouvre. Une femme que nous ne connaissons pas est sur le seuil. A l'intérieur, des enfants crient et une bouffée d'air malodorant nous parvient. On s'explique peu à peu, et ce n'est pas facile. Mais il faut bien que nous acceptions la réalité. Cette famille a loué notre maison, mais vide... Vide de tout. Plus de meubles, plus de poêle, rien...

Si, il reste quelque chose. Sur l'un des carreaux fêlés, je reconnais avec un affreux serrement de cœur mon image de première communion. Qui l'a collée là ? Pas ma mère ? Je n'en sais rien et n'en ai jamais rien su. Mais c'est bien elle, une image de la Vierge avec un coin, en haut à droite, cassé et mon prénom marqué en bas, par le curé de l'époque...

A la mairie, on nous renseigne en nous apprenant du même coup que papa n'habite plus à Avesnes. On l'a emmené il y a quelques mois à l'asile de vieillards d'Etaples.

Ainsi, nous n'avons plus rien. Notre maison, notre pauvre maison, a été pillée au moment de l'arrivée des Allemands. On n'y a rien retrouvé, pas un meuble, pas de vaisselle, pas de linge, pas un bout de ficelle… Et papa qui n'est plus là non plus…

La tête me tourne, devant tous ces désastres accumulés en une seconde. Auguste est comme moi, atterré mais silencieux. Alors, nous pensons à Lucie. Devant sa porte, un enfant joue. Je le reconnais, c'est Alfred, mon filleul, mais comme il a grandi ! Et dans la salle, une femme en noir, que d'abord je ne remets pas… Mais elle vient vers nous en souriant. Mon mari et moi restons saisis. C'est Lucie, mais dans quel état, amaigrie, les cheveux blancs !… Bêtement, ne nous doutant de rien, nous demandons des nouvelles de Paul… Je la crois en deuil de maman. Et c'est ainsi que nous apprenons que mon beau-frère a été tué à la Fère-en-Tardenois, pris au piège dans une sape en 1916…

Nous sommes désemparés. Nous ne retrouvons plus rien de ce que nous attendions. Tout a changé, même, semble-t-il, notre coron. Le boulanger, l'Arsène, est mort lui aussi, fusillé par les Allemands, pour avoir refusé de cuire du pain pour des troupes de passage. Plus rien ici ne nous est familier. Dès le lendemain, après avoir passé la nuit chez Lucie, nous allons à Etaples voir papa…

Et c'est encore une nouvelle source de désespoir. Est-ce mon père, cet homme tout blanc, à qui on a rasé la barbe, qui nous reconnaît à peine et ne manifeste aucune joie ? Il ne retrouve quelque vie, une ébauche de sourire, que lorsque nous lui annonçons que nous allons l'emmener à Avesnes sur la tombe de maman…

Dans le petit cimetière, l'ultime, la dernière épreuve nous attend… Des bombes sont tombées ici, retournant les caveaux. Des cercueils émergent de ce chaos affreux, hachés par le fer et mélangés à des morceaux de couronnes de perles. Les croix de pierre ou de bois, les monuments, rares il est vrai, ont été soulevés par le cataclysme, projetés au loin comme par une main géante. Grâce à papa, nous réussissons tout de même à nous repérer dans ce gâchis. La tombe de maman, qui se trouve près d'un mur, a été en partie épargnée. Mais la grosse croix de chêne a été traversée par un éclat d'obus, juste à l'emplacement du nom et de la date.

Trop, c'est trop… Cette fois, je suis vaincue, je n'en peux plus et je me laisse tomber sur la terre en pleurant. Qu'est-ce que nous lui avons donc fait, au bon Dieu, pour qu'il s'acharne comme ça après nous ? Je sanglote éperdument. Mon mari et mon père restent silencieux, anéantis, les larmes aux yeux…

C'est alors que, derrière nous, nous entendons un pas mal assuré. C'est le nouveau curé, un jeune qui boite. Et nous nous présentons, le remerciant de sa longue lettre. Il voit mon désespoir et lit dans mes yeux l'affreux doute qui m'a saisie, pour l'unique fois de ma vie…

— C'est une époque de grandes misères pour tous, dit-il, et sa voix, très douce, résonne curieusement dans le cimetière ravagé. Mais il faut garder l'espérance, quels que soient nos malheurs, en pensant qu'il y en a de pires que les nôtres…

Et nous le regardons partir péniblement, au milieu des masses de terre soulevées. Un moment, il s'arrête et redresse une croix couchée. Puis il se remet à marcher, comme découragé par le geste inutile qu'il vient de faire. Tout dans ce champ de repos est à relever… Et il s'en va comme il est venu, lentement…

Rentrés chez Lucie, nous réfléchissons avec Auguste. Puisque ici, à Avesnes, nous n'avons plus rien, le mieux n'est-il pas de retourner à Avay ? C'est ce que, finalement, nous ferons, après avoir en vain tenté d'emmener mon père. Mais il refuse, carrément, dans un dernier sursaut d'autorité. Il veut rester là, à l'asile où il est bien soigné, et pas loin de sa femme qu'il va voir au cimetière quand il en a envie…

La tombe de ma mère, je ne la reverrai plus jamais, et mon père non plus. Il mourra un soir d'été, des suites d'un chaud et froid, attrapé en se hâtant vers le cimetière. C'était en 1920, et je n'ai pas pu revenir pour l'enterrement. On était en pleine moisson…

Mon cher petit village d'Avesnes !… Je le quittai ce jour-là pour toujours et, avec lui, tout ce qui m'était cher… Tant de souvenirs allaient naître d'ici, ceux de mon enfance, de mes parents disparus, de tous ceux que la guerre avait emportés dans sa tourmente…

Heureusement, il me restait « mes » Auguste. C'est en leur compagnie que ma vie allait continuer, avant que l'on ne me les prenne aussi…

# Chapitre VI

A Avay, nous retrouvons avec plaisir notre fils. Il a neuf ans maintenant et nous allons l'envoyer à l'école. Il réclame souvent son « bon ami » l'instituteur, qu'il ne voit plus. Et pour cause, il a rejoint son pays. Celui qu'il appelait ainsi était l'un des prisonniers allemands que l'on avait amenés à la ferme pour y travailler dans les champs. Il est resté à Saint-Martin pendant trois ans. Et peu à peu, il s'était lié d'amitié avec notre Auguste, qu'il surnommait « Gust ». Il lui apprit un peu à lire et à écrire. Un jour, il avait dessiné son portrait d'après une petite photo…

Quand nous sommes revenus à Avay, l'instituteur allemand était reparti vers son pays ; mais Auguste le petit eut bien de la peine de ce départ. Peut-être est-ce pour cela qu'il accepte si mal d'aller à l'école. Ne pouvant m'en faire obéir, j'ai recours au martinet, ce qui lui fait honte lorsque je le conduis vers la classe. Alors, il m'échappe et retourne en courant vers la maison. Il faut que son père s'en mêle. Et il ne plaisante pas avec ça, mon Auguste. Lui-même totalement dépourvu d'instruction, il n'en tient que plus à ce que son fils n'en soit pas privé.

A notre retour, la compagnie nous a repris à son service

sans difficulté. On nous a redonné un logement, plus grand que le précédent. Mais il nous a à nouveau fallu racheter des meubles, du linge, de la vaisselle…

Pendant deux semaines, mon mari suit les ventes et ainsi, nous nous rééquipons tant bien que mal. C'est désormais à la sucrerie qu'Auguste passe le plus clair de son temps. Quand les récoltes pressent, il « monte » à la ferme, mais avec la fonction de charretier.

Tant que nous serons ici, ni lui ni moi ne reprendrons les travaux aux champs. Je continue, moi, à travailler, comme à la fin de la guerre, avec la femme du régisseur, lequel est rentré intact du front. Ma vie est beaucoup plus douce, encore que l'ouvrage ne manque point. Il faut faire la cuisine, la vaisselle, la lessive, une lessive énorme avec les draps de lit de tous les domestiques, le ménage… De huit heures du matin à neuf heures du soir, je ne chôme pas. Mais la nourriture est bonne. Pour la première fois de ma vie, je vois de la viande à presque tous les repas et ça me semble bon… Ma patronne, quand je bats le beurre à la baratte, me donne quelquefois un petit pot de crème.

Quand il est à la sucrerie, Auguste est obligé de faire sa cuisine et celle du petit. Nous ne nous revoyons pas de la journée, travaillant à deux kilomètres l'un de l'autre. Lui aussi a des journées très longues et très dures, douze ou treize heures, sans dimanche ni repos. En période de fabrication du sucre, il est obligé de prendre un horaire de nuit. Et du soir jusqu'à l'aube, il ramasse, à l'aide d'une petite pelle de bois, le sucre encore chaud pour le jeter, en une pluie blanche et odorante, dans les bacs de refroidissement. Il rentre à l'aube, éreinté, pouvant à peine se tenir droit. Quand je l'embrasse, je lèche ses joues par jeu. Elles sont toutes sucrées…

Ce qui me paraissait le plus extraordinaire dans mon travail à moi, à la cuisine, c'étaient les repas que l'on préparait aux domestiques, des quantités qui me semblaient colossales. Les pommes de terre, pelées, allaient bouillir au feu à pleines lessiveuses, cependant que les morceaux de viande, dans les marmites, étaient d'une taille telle qu'on aurait pu nourrir avec, tout mon village pendant une semaine…

La viande, abattue sur place, arrivait à la cuisine par quartiers entiers et, à mon grand effroi, tout cela disparaissait en un repas, broyé et avalé dans un silence religieux par des gaillards qui mastiquaient lentement mais par bouchées énormes, roulant leur pain en boulettes, entre leurs gros doigts noueux. Les malheureux chiens de la ferme n'avaient plus guère que les os après ces repas, et encore ces os étaient-ils grattés au couteau et vidés de leur moelle.

Peu familiarisée avec de pareilles ripailles, il m'arrivait de m'interrompre brusquement au milieu du service, stupéfaite de voir disparaître autant de nourriture à la fois. Les domestiques faisaient trois repas par jour en hiver et quatre en été. Les marmites n'arrêtaient pas de mijoter, de rissoler, dans un continuel va-et-vient de mangeaille. Les pot-au-feu, les ragoûts, les soupes s'écoulaient à pleines louches dans les grandes écuelles de terre qui nous revenaient si proprement torchées qu'on se demandait souvent si on ne les lavait pas deux fois par mégarde.

Le dimanche, il y avait des viandes rouges ou de la volaille, des pièces de bœuf entières, dégoulinantes de sang, qu'on glissait avec une pelle dans le grand four de pierre de l'âtre où, dès le matin, des troncs d'arbres flambaient et dégageaient une chaleur intenable. Les jours de poulet c'était, dès l'aube, un vrai massacre dans la basse-cour. Couteau en main, les valets couraient après les bêtes choisies qu'ils plumaient violemment. Et pendant une demi-heure, on entendait le caquetage désespéré des victimes et le froissement de leurs ailes infirmes...

J'ai eu bien du mal à m'habituer à ces collations, comme on appelait cela en Normandie. Depuis mon enfance, la simplicité de la table était telle que ce flot d'aliments me semblait du gâchis. Et pourtant, ils ne volaient pas leur nourriture, les gars qui travaillaient là ! Il leur fallait cela pour supporter des horaires que l'on ne peut plus guère imaginer maintenant, qui les éreintaient à ce point que beaucoup n'avaient même pas la force de se déshabiller la nuit venue et qu'ils se jetaient sur leur lit comme des masses, ronflant la bouche ouverte, assommés... Puis le lendemain, dans le petit matin, il fallait se secouer...

Ils se réveillaient à la pompe où il plongeaient jusqu'au

ventre dans un grand halètement de bête de somme. L'hiver, je les ai vus souvent casser la glace à coups de sabot, avant de s'asperger sans un tremblement de leur chair glacée. Oui, c'étaient des hommes, rudes sans doute, mais bons la plupart. Je n'en ai pas croisé un en revenant avec mes seaux d'eau sans que, en silence, il ne prît ma charge pour la porter jusqu'à la cuisine…

Je connaissais bien leur travail et je mesurais quelle était leur peine. Jamais aucun d'eux ne se plaignait. Les saisons leur passaient dessus sans avoir de prise sur leurs corps robustes… Cette force apparaissait notamment au moment des battages, avant que plus tard n'arrivent les machines…

Dès le matin, ils étaient dans la cour et ils formaient une haie entre laquelle gisait l'andain. Ils ressemblaient, ainsi, avec le long manche du fléau sur l'épaule, à quelque régiment de hallebardiers rendant les honneurs. Puis le contremaître se plaçait au bout des deux rangées.

Et d'une voix plus rauque, au fur et à mesure que passaient les heures, il lançait inlassablement le cri détaché de commandement qui marquait le mouvement des fléaux : « A — bas… A — bas… »

Les grandes flèches de bois tournoyaient en l'air quelques secondes dans un sifflement au-dessus des têtes, avant de retomber dans un claquement sec sur les épis qu'elles pulvérisaient au milieu d'un nuage de poussière blonde. Ce mouvement n'était pas sans danger et il fallait une équipe parfaitement rompue à ce travail ; le régisseur y veillait personnellement. Les fléaux devaient être manœuvrés par des mains sûres afin que, dans leur tourbillon, ils n'aillent point broyer le crâne du voisin ou lui arracher une oreille au passage. Ces hommes n'étaient pas que courageux. Ils se révélaient aussi d'une grande adresse…

Un dimanche matin, Auguste, mon fils, est arrivé en courant à la ferme. Il me prévenait que sa grand-mère Santerre venait de mourir brusquement. Elle avait soixante-douze ans. Avec l'autorisation de ma patronne, je descendis tout de suite au village, puis à la sucrerie pour annoncer la nouvelle à mon mari… Mais lui ne put se dégager et ne vint chez son père que le soir.

Quelle tristesse dans le petit deux-pièces où la commune

logeait mes beaux-parents ! Santerre est complètement abasourdi. Il est assis sur une chaise et essaie de réfléchir à l'énormité de la chose : pour la première fois depuis un demi-siècle, sa femme n'est plus près de lui. Il ne peut y croire. Hébété, il regarde, sur le lit, le corps inerte de son épouse. Il s'arrête un instant sur le visage figé et qui, lui semble-t-il, a rajeuni avec la mort.

— Chienne d'existence ! dit-il. Elle est bien débarrassée, ma pauvre vieille...

Et doucement, la tête entre les mains, il se met à pleurer. De lointains souvenirs remontent à sa mémoire. Le mariage, la naissance des enfants et les longues heures de travail ensemble, des difficultés chaque jour renouvelées pour faire manger tout le monde. A tout instant, elle était à ses côtés, silencieuse mais efficace...

Il n'a jamais été tendre, mon beau-père. Et peut-être le regrette-t-il maintenant ? Il ne sortira plus de cette espèce de torpeur où l'a plongé l'annonce de son malheur. Il ne s'y habituera pas. Et un mois plus tard, presque jour pour jour, il mourra à son tour, comme sa femme, brusquement. On le découvrira allongé près de son lit... Ce fut une époque bien difficile pour mon mari. Il avait beaucoup à reprocher à ses parents, mais il oubliait tout cela en ces moments pénibles et on ne pouvait guère lui en faire grief. Notre fils eut, lui aussi, infiniment de peine. Il aimait bien le pépé et la mémé Santerre qui l'avaient élevé tout petit...

C'est à la même époque que mon mari devint sapeur-pompier. On réorganisait le corps du village, disparu depuis la guerre et amputé de plusieurs de ses hommes. On recruta des jeunes avec les quelques anciens qui étaient revenus du front, intacts. Le maire vint un soir, chez nous. Je n'étais pas encore rentrée et c'est à mon retour qu'Auguste m'annonça la nouvelle. Au début, je l'accueillis bien mal. Je trouvais que mon mari avait bien assez de travail sans accepter encore celui-là, en plus. Mais rien n'y fit. Il trouvait ça naturel, disant qu'il fallait bien que certains se dévouent dès lors qu'on en avait besoin...

Il faut dire que cette compagnie se révélait nécessaire. Dans la région, les incendies étaient courants. Sans que l'on pût lutter contre eux, ils causaient de véritables drames.

Bien sûr, dès que le feu se déclarait quelque part, tout le monde y courait mais, souvent, on ne pouvait rien faire. L'eau manquait pour alimenter les chaînes que nous faisions avec des seaux. C'était devenu un véritable fléau…

Le plus terrible, c'était après les moissons. Des meules, des granges chargées à ras bord étaient souvent détruites. La plupart du temps, l'imprudence d'un chemineau qui fumait dans la paille où il couchait, ou encore la négligence d'un domestique, étaient responsables. On devait se contenter de protéger le voisinage sans pouvoir jamais rien sauver à l'endroit même de l'incendie…

C'est pourquoi la préfecture avait ordonné aux communes ces réorganisations. Auguste reçut un uniforme et je le trouvai superbe, la première fois qu'il le revêtit. On présentait la compagnie sur la place. Ils étaient douze, tout gênés d'être le point de mire des habitants venus les applaudir. Ils encadraient une magnifique pompe à bras dont le corps de cuivre brillait comme les casseroles de ma cuisine. Immmobiles, gauches, dans leur habit bleu à grands parements rouges, ils écoutaient le maire faire leur éloge…

Quand je vois aujourd'hui les énormes camions et le matériel qui intervient dès qu'on entend la sirène, je ne peux m'empêcher de penser à la compagnie d'Avay et au pauvre engin qui devait lutter contre le feu… Aussi surprenant que ça puisse paraître, elle était bien efficace quand même, la pompe à bras. Elle permettait surtout de lutter au mieux, en attendant les secours de la ville voisine qui arrivaient quelquefois des heures après. Une grande machine à vapeur traînée par quatre chevaux débouchant au galop, au milieu de coups de cloche répétés, qui bouleversaient les campagnes traversées…

Dès qu'il fut pompier, mon mari eut plusieurs fois à se relever la nuit. On venait taper dans la porte. Le chef faisait ainsi le tour du village pour recruter ses hommes. Mais tous étaient déjà debout, levés dès qu'ils entendaient à l'église l'appel affolé du tocsin… Il faut dire que dans une région agricole comme celle-là, le feu, c'est l'ennemi numéro un, celui qui, en quelques heures, réduit à néant des semaines, des mois, des années d'efforts…

Je n'étais pas très tranquille quand mon mari partait

ainsi. Je me faisais du souci, un souci d'encre... Il rentrait noir comme un charbonnier et exténué de ces luttes inégales. Et il lui fallait quand même partir au travail...

Une fois surtout, j'eus très peur... Ce soir-là, Auguste revint de la sucrerie au milieu d'une tempête épouvantable. Dans la rue, on entendait les tuiles arrachées des toits claquer sur le pavé comme des coups de fusil.

— Eh bien, dit mon mari en se couchant, ça ne sentira pas le moisi dans la plaine, ce soir...

On était en octobre et heureusement, à cette date, tout est engrangé, ce qui, dans une certaine mesure, nous consolait...

On était bien, au chaud dans les draps, en écoutant le commerce que le vent menait dehors. Dans les étroites rues entourant l'église et où nous habitions, il s'engouffrait de force et balayait tout sur son passage. On entendait des portes battre et des bruits de vitres brisées...

— Il va bien le bougre, grommela Auguste, qui se tournait et se retournait sans pouvoir s'endormir au milieu de ce concert.

Enfin, le sommeil nous prit. Pas pour longtemps. Je me sentis secouée soudain... C'était mon mari...

— Ecoute, Marie-Cat, me disait-il dans l'oreille.

Au milieu des hurlements de la tempête, l'église voisine envoyait des volées de cloches. Je me demandais comment je n'avais rien entendu. Il fallait que je sois fatiguée...

— Le tocsin, c'est le tocsin ! cria Auguste en se levant.

Le tocsin ! Combien de fois l'ai-je ainsi entendu ? C'est lui qui, dans nos campagnes, marque les mauvaises heures, les grands maux. Ce n'est jamais bon quand le curé s'accroche ainsi aux cordes, les tirant ensemble, de toutes ses forces, dans un carillon incontrôlé et effréné qui fait tinter les cloches, sans ordre, n'importe comment, et créant déjà à elles seules une impression de panique. Le tocsin ! Au cours des siècles et des siècles, il fut pour le paysan isolé dans son champ le seul moyen d'information rapide. D'une église à l'autre, de clocher en clocher, le malheur ainsi progressait dans les plaines, annonçant l'envahisseur, le feu, l'eau, l'épidémie... Ses appels désespérés bousculaient le calme traditionnel du travail des champs, rappelant immédiatement et sans réflexion l'homme à sa maison menacée...

Auguste fut rapidement habillé. Au même moment, on entendit frapper violemment à la porte. C'était Cluchon, le sergent, qui appelait mon mari :

— Santerre, dépêche-toi, nom de Dieu ! Ça brûle à la ferme des Obiers...

La ferme des Obiers se trouvait à la sortie d'Avay, dans la plaine. Une ancienne commanderie plantée là jadis pour défendre l'entrée du village. De vastes bâtiments de pierre, au carré, entourant une immense cour que l'on fermait, le soir venu, d'une seule porte à vantaux. Il fallait s'y mettre à deux pour la manœuvrer...

Au milieu des sifflements du vent, on entendait dans les rues des va-et-vient, des cris. Ils furent bientôt suivis des galopades de chevaux que l'on venait d'atteler à la hâte à des citernes toujours pleines d'eau. Dans toutes les maisons, la nouvelle se propageait : « Les Obiers flambent, les Obiers flambent... »

Les Obiers, c'était le village menacé. Les cultivateurs réveillaient en jurant les domestiques effarés et, des voûtes cochères, des attelages sortaient, soulevés à coups de fouet par les charretiers, courant vers la sortie du village où l'on voyait maintenant une haute lueur rouge sang, accompagnée d'épais nuages de fumée...

Depuis une heure, Auguste était parti et la tempête continuait avec une telle violence qu'elle ne semblait pas devoir s'arrêter de sitôt. Alors, je n'y tins plus, malade d'angoisse... J'habillai mon garçon chaudement et nous partîmes, à travers les rues du village. A toutes les fenêtres brillaient des lueurs de lampes et les vieux, sur le trottoir, interrogeaient le ciel...

En courant, on arriva très vite à la commanderie. Là, je m'arrêtai, stupéfaite, hors d'haleine. Les cinq bâtiments de la ferme flambaient de leurs toits d'ardoise comme des allumettes, dans un crépitement infernal que, sans cesse, le vent attisait méchamment. Des poutres maîtresses, énormes, s'abattaient avec fracas, dans une grande gerbe d'étincelles. Et ce qui était affreux — au milieu de tout cela —, c'étaient les cris de détresse du bétail pris au piège ; les vaches, les veaux, les bœufs, les moutons, les porcs de cette vaste exploitation et que l'on n'avait pas eu le temps de sortir de leurs étables, en raison de la soudaineté du sinistre... Des cris que je n'ai jamais oubliés, qui avaient comme un son humain de souffrance et de peur. Ces pauvres animaux attachés, il devait en mourir beaucoup cette nuit-là, que l'on ne put libérer. Ceux qui avaient réussi à briser leur licol étaient une cause de danger permanent pour les sauveteurs. Ils balayaient la cour de leur galop affolé, renversant des hommes sur leur passage, allant se cogner aux murs de pierre où les bovins s'écornaient. Alors, çà et là, on commença à entendre claquer des coups de fusil.

Les cultivateurs prenaient sur eux de fusiller ce bétail meurtrier qui, les yeux injectés de sang, courait dans tous les sens. Au milieu de l'invraisemblable vacarme, les ordres se croisaient, souvent contradictoires, coupés des hennissements des chevaux et du bruit de ferraille des citernes qui arrivaient sans cesse, venus de plus en plus loin, au fur et à mesure que la nouvelle se propageait et qui marquaient la grande solidarité des fermiers face au malheur de l'autre, qui demain pouvait les frapper...

Dans cette panique, je cherchais en vain Auguste, mon mari. Enfin, je finis par trouver la pompe à bras que quatre hommes manœuvraient régulièrement, près du corps d'habitation. Pauvre pompe ! Jamais elle ne me parut si petite que cette nuit-là, à la lueur des immenses flammes qui s'élevaient dans le ciel...

J'aperçus Cluchon, le sergent, qui perdait la tête au milieu de ce désastre gigantesque, après avoir organisé partout des chaînes qui, pour l'heure, convergeaient toutes vers la maison que l'on tentait de sauver...

Je lui demandai où était mon mari. Mais il ne percevait rien dans le vacarme. Pourtant, il dut comprendre et, de la main, il me désigna un point près d'une étable où le feu ronflait moins fort. C'est alors que je vis Auguste, grimpé sur une échelle contre une cheminée et qui dirigeait sa lance sur les flammes, en dessous. Un de ses camarades l'inondait régulièrement de seaux d'eau qui, sur ses vêtements, fumait...

Je fus prise d'une terreur sans nom. Je hurlais au milieu du bruit, le suppliant de descendre de là, craignant que le mur ne s'effondrât et ne l'entraînât dans sa chute, en plein dans le brasier. Mais il n'entendait pas, dans le crépitement incessant, cependant que tout autour, les fenêtres des étables, les trous des granges vomissaient des flammes et que les charpentes mangées par le feu croulaient comme des châteaux de cartes. Les cris du bétail avaient cessé, et partout l'incendie achevait son œuvre. Les efforts des sauveteurs étaient rendus quasiment vains par la tempête qui continuait toujours à souffler, attisant les braises, au milieu d'une odeur épouvantable de chair grillée. Il me semblait que j'étais là depuis des heures lorsque j'entendis le carillon clair des grosses voitures de secours de la ville voisine qui arrivaient, tirées par quatre chevaux, blancs d'écume avec leurs sapeurs assis de part et d'autre du corps de pompe, coiffés du casque à chenille, comme à la parade. Ce fut organisé telle une véritable manœuvre. L'officier qui commandait les sapeurs, un grand homme sec, à lorgnons, donnait des ordres brefs que l'on entendait très bien malgré le vent. Et les grosses voitures vinrent se ranger au galop dans la cour déblayée systématiquement par les hommes, cependant que déjà, les machines sous pression envoyaient l'eau par d'énormes lances... Ah ! si ces gens avaient été là plus tôt !... Maintenant, ils n'arrosaient que des décombres sifflants et fumants...

J'avais enfin récupéré mon mari que l'officier, d'un ton rude, avait fait descendre de son échelle... « Ça va s'écrouler dans moins d'une minute », avait-il dit sèchement à Cluchon, soulagé de voir arriver enfin des renforts. Il ne mentait pas. A peine avait-on retiré l'échelle que le pan de mur s'effondra dans une pluie d'eau et de braises... Je serrai Auguste contre moi. Et j'avais envie d'embrasser l'officier, dont les lorgnons brillaient aux lueurs dernières de l'incendie.

Il fit beaucoup de dégâts et l'on en parla longtemps, du feu à la ferme des Obiers. Il fallut plusieurs années avant qu'elle ne soit complètement reconstruite... Et le 14 juillet suivant Auguste, tout pâle dans son bel uniforme bleu et rouge, reçut une médaille que lui remit un monsieur en habit tout chargé de lauriers. Le sous-préfet, m'a-t-on dit... Ce jour-là, j'étais fière de lui, mais je n'oubliais pas ma frayeur passée. Plus d'une fois, je m'en fis encore du souci, mais je dois dire que je ne vis plus d'incendies tels que celui-là... Quelques mois passèrent sans histoires et j'avais trente ans lorsque, pour la première fois, je commençai à souffrir. Cela me prit un jour, dans la cuisine de la ferme où je portais un cuveau d'eau chaude. Une douleur vive me traversa le côté et je manquai de choir sur le dallage. Puis la douleur cessa comme elle était venue et je n'y pensai plus. Mais quelques jours après, cela recommença et, inquiète, j'en parlai à Auguste. Celui-ci décida que nous irions à Dieppe voir un médecin.

On partit, un matin, dans une carriole de la ferme qui allait livrer du grain à la gare. Le docteur m'examina longuement, ce qui d'ailleurs me gêna beaucoup et ne plut qu'à moitié à Auguste. Il me donna des cachets à prendre ainsi qu'une poudre. Il ne savait pas trop, je le vis bien, ce que je pouvais avoir. Par la suite, je souffris un peu moins. Puis le mal reprit. Mon travail était devenu un calvaire, mais je ne voulais pas m'arrêter, bien qu'Auguste me conseillât tous les jours de le faire. C'est finalement ma patronne qui nous força la main :

— Vous ne pouvez pas rester comme ça, Marie-Catherine, me dit-elle un jour après le déjeuner. Vous ne tenez plus debout.

A ce moment-là, j'avais mal presque sans arrêt...

Cette fois, on changea de docteur. Et celui-là trouva tout de suite et nous conseilla d'aller vite à Rouen, à l'hôpital. Le professeur — il s'appelait Jane — qui m'examina, ordonna une opération immédiate. C'est ainsi que je restai là, le jour même... Auguste repartit seul, désemparé, et j'attendis l'intervention du chirurgien. Il me retira un kyste à l'ovaire gauche, cause de toutes mes souffrances, sans que je sente quoi que ce soit, sinon, avant d'être opérée, une forte odeur d'éther qui m'endormit... Je demeurai à l'hôpital un mois et demi, avec une seule visite de mon mari et de mon fils qui grandissait et devenait un beau gars...

L'immense peine que j'éprouvai alors, ce fut à mon départ... Le professeur Jane, qui m'aimait bien, nous garda, Auguste et moi, quelques minutes dans son bureau. Il nous fit comprendre que nous ne pourrions plus avoir d'enfants. Ainsi, c'était fini et je ne pouvais le croire ! Nous en aurions tant voulu d'autres, des gamins, pas beaucoup comme dans ma famille, mais au moins trois. Surtout que désormais, nous étions plus heureux matériellement. Le retour à Avay se fit dans le silence. J'étais contente d'être soulagée de mes douleurs, et triste de savoir que je ne pourrais plus être maman…

Je restai à la maison dans les mois qui suivirent. Mon époux ne voulait pas que j'aille travailler et cela me permettait de m'occuper un peu d'Auguste, notre fils, qui peut-être nous devenait plus cher depuis que nous savions qu'il serait le seul…

Il travaillait bien à l'école, Auguste le petit. Son instituteur était content de lui. Mais il n'aimait guère l'étude. Quand il atteignit ses treize ans, il entra en apprentissage chez Berger, le coiffeur d'Avay, un bien brave homme, très gros et moustachu, qui rasait et coupait les cheveux à trois kilomètres à la ronde. Il se déplaçait dans les villages voisins avec une petite charrette à âne et son arrivée était un événement.

Les paysans ne viennent chez le coiffeur que très exceptionnellement. C'est un vrai luxe. Mais il arrive pourtant un moment où l'on ne peut faire autrement. Et ils entraient, silencieux, dans une des salles de café où Berger s'installait, grattant le cuir rude des joues et taillant à grands coups de ciseaux les crinières épaisses de ses clients. En même temps, comme il était très bavard, il donnait les dernières nouvelles du pays. Mais il le faisait avec une telle verve que l'information la plus anodine prenait des proportions… Les clients, le visage blanc de savon ou la tête penchée sous la poigne vigoureuse du coiffeur, écoutaient sans en perdre une bribe ses commérages intarissables. Les deuils, les naissances, les divorces, les mauvaises récoltes, toutes choses très importantes dans une vie, étaient ainsi annoncées par le gros Berger, cependant qu'il maniait le blaireau ou la tondeuse. Ensuite, avec une pirouette amusante, il empochait ses trois francs. Il gagnait fort bien sa vie avec ce travail qui le menait par tous les temps autour d'Avay.

Le samedi et le dimanche, il faisait escale dans notre village où il avait ouvert un salon, dans une pièce de sa petite maison. Ça sentait bon l'eau de Cologne et le savon à barbe. Il y avait deux gros fauteuils de cuir qui tournaient sur eux-mêmes et une table avec une grosse cuvette de porcelaine où les clients piquaient du nez en reniflant quand il leur avait fait la barbe. Le tout assaisonné de commentaires sur la vie de chacun…

Le visage du gros homme était tellement extraordinaire que je ne l'ai jamais oublié. Pour les naissances des enfants de Pierre ou de Paul, il se redressait joyeusement, en frisant sa moustache. En revanche, lorsqu'il faisait part d'un décès, il semblait porter le deuil, avec une grande affliction. Ses yeux luisaient, ironiques, quand il racontait les déboires d'un couple. Il savait les détails les plus intimes, les plus secrets, sans que l'on devine comment il les apprenait…

Je le soupçonnais pourtant de tirer les vers du nez des gens, sans qu'ils s'en doutent, pendant qu'il les barbouillait à grands coups de blaireau ou bien qu'il les tenait, à demi étranglés, sous la tondeuse…

C'est avec lui que mon fils apprit le métier et bientôt, les deux firent la paire. On recherchait Auguste pour les barbes, parce qu'il avait, ce qui n'était pas difficile, la main plus légère que son patron… Certains cultivateurs, pourtant pressés, préféraient attendre pour avoir à faire à mon fils qui les grattait moins rudement et qui aiguisait leurs rasoirs avec un soin infini… Dans ce temps-là, chacun des clients avait le sien, avec son nom dessus, pendu sur un tableau au mur. Et on apportait aussi sa serviette, par propreté…

C'est ainsi qu'Auguste — que j'appelais toujours le petit, pour le différencier de son père —, c'est ainsi qu'Auguste, donc, grandit et devint un jeune homme. Tout allait bien et il commençait à gagner quelques sous lorsque l'une de mes nièces, après avoir écrit, vint nous rendre visite…

C'était la fille de ma sœur Edwige et elle habitait la Seine-et-Marne, où elle vivait avec son mari, un grand blessé de guerre, qui s'était établi cordonnier au retour du front, sa jambe de bois l'empêchant de bien marcher. Elle n'était pas très heureuse en ménage, ma nièce, ce qui ne l'empêchait pas, ou qui peut-être l'incitait, à vouloir du bien à tout le monde, souvent malgré eux…

Je ne me doutais guère, quand elle arriva, à quel point elle allait faire changer notre vie…

Dès qu'elle vit notre fils, elle s'intéressa à lui et à son métier. Lorsqu'elle sut ce qu'il gagnait chez Berger, elle poussa les hauts cris. A Mitry, dans la Brie où elle vivait, le coiffeur justement cherchait quelqu'un, un bon ouvrier comme Auguste qui rasait si bien... Et elle réussit à le persuader de la suivre jusque là-bas, pour faire fortune...

C'est comme cela que, le père et moi, nous sommes restés seuls à Avay, bien malheureux du départ d'Auguste le petit qui tenait déjà une telle place dans notre maison, dans notre vie... Nous ne pouvions nous y habituer. Sans cesse, nous le cherchions, nous avions envie de lui parler...

Ainsi, il n'était pas suffisant que, tous les deux, nous ayons ces dernières années perdu nos parents. C'était le fils qui désormais n'était plus là. Il nous semblait qu'il était mort, lui aussi, tant il nous manquait. C'était en 1929, qui fut l'une des plus pénibles années de ma vie...

Mon petit n'était pas avec moi... C'était plus que je n'en pouvais supporter...

# Chapitre VII

Quinze jours après son départ, je reçus une lettre d'Auguste. C'était la première et il me racontait longuement son installation à Mitry. Il me parlait de son travail chez le coiffeur local. Là, ce n'étaient plus Berger et les promenades dans la campagne. Toute la journée, il restait au salon. Il y avait une clientèle importante qui allait et venait sans arrêt. Avec ses pourboires, mon fils se faisait des semaines honnêtes et il était très content.

« Le pire, écrivait-il, c'est que je m'ennuie de vous, mes chers parents. Vous me manquez et la maison aussi, si calme et où l'on n'entend jamais un mot plus haut que l'autre... »

Et il nous faisait des confidences sur la vie chez ses cousins où il était hébergé, une vie assez bousculée à ce que je compris. Le mari de ma nièce, le cordonnier, ne se consolait pas d'avoir perdu une jambe à la guerre. Aussi, de plus en plus, pour oublier ça, il buvait.

Auguste racontait que les scènes se succédaient, surtout en fin de journée, quand le cordonnier était ivre. Des scènes épouvantables. Il cassait tout dans l'échoppe et faisait valser les souliers à réparer aux quatre coins de la pièce, comme fou. Quand il avait fini avec le matériel, il tombait sur sa femme qu'il traitait de mots abominables, des ordures comme mon fils n'en avait jamais entendu de pareilles. Bref, c'était l'enfer…

J'étais consternée et mon mari ne le fut pas moins quand je lui lus la lettre. Pour la première fois, nous faisions connaissance avec un vice que, lui et moi, nous ignorions : l'alcoolisme. Chez mes parents pas plus que chez les siens, nous n'avions vu à aucun moment la moindre goutte de vin ou d'eau-de-vie. Par habitude, sans doute, et parce que c'était bien trop cher. Mais aussi par la haine que mon père portait à ce qu'il appelait la boisson. Les exemples que nous avions sous les yeux au coron, étaient suffisants pour entretenir cette répulsion…

— L'alcool dans une maison, disait papa, c'est la pire des choses. C'est la fainéantise, la saleté qui s'installent et, quand on y a tâté, on ne peut plus s'en passer…

J'avais la chance d'être mariée avec un homme qui tenait le même raisonnement. Pendant notre vie commune, non seulement je n'ai jamais vu mon mari saoul, mais même seulement gris… « Pépé » avait horreur du vin et, dans les quelques repas de famille auxquels nous avons participé en un demi-siècle, il n'en prenait pas, supportant sans broncher les plaisanteries des autres convives qui souvent le traitaient de femmelette. C'est une chose que je ne comprends d'ailleurs pas, ce besoin de se moquer de celui qui refuse l'alcool. Du moment où ce n'est pas indispensable pour vivre, pourquoi en prendre ? Aussi, parfois Auguste se fâchait quand nous étions en société et qu'on l'asticotait trop :

— Vous pouvez dire tout ce que vous voulez. Je ne mange et ne bois que ce que j'aime. Vous ne me ferez pas sortir de là. Alors, le vin, j'aime pas ça, j'en bois pas !

La discussion se terminait toujours comme ça… Notre fils était comme nous. Aussi, je devinais son désarroi au spectacle que lui offrait chaque jour le cordonnier. Ça devait être pénible, très pénible…

C'est à cette époque que, me sentant mieux et reposée, je repris du service à la ferme. La femme du régisseur m'accueillit avec joie. Elle m'aimait bien et nous nous entendions parfaitement. Pendant que je travaillais, je ne pensais pas trop à mon fils. Je m'ennuyais tellement à Avay, dans ma maison, tournant des heures et des heures à ne savoir que faire ! Mon ménage était vite bâclé et le reste du temps, j'étais comme une âme en peine...

Un jour que j'expliquais tout cela à ma patronne, j'en vins à prononcer le nom de la ville où se trouvait Auguste, en Seine-et-Marne :

— Tiens, il est à Mitry ! s'écria-t-elle. C'est amusant. La compagnie qui nous emploie a aussi une ferme et une sucrerie là-bas !

Je n'en croyais pas mes oreilles. Mais elle me donna des précisions. La compagnie possédait plusieurs grandes exploitations, notamment dans la région parisienne. Cela représentait des hectares et des hectares que cultivaient ainsi des saisonniers sous les ordres de régisseurs, chacun responsable d'un domaine...

— Il y a des milliers de gens qui travaillent comme vous, Marie-Catherine, pour le compte de la compagnie.

Celle-ci avait son siège à Paris et on ne voyait jamais les grands patrons. Ça m'est arrivé seulement une fois à Avay, d'en apercevoir un, venu à la suite d'un accident à la sucrerie, à bord d'une belle voiture toute noire, avec un chauffeur, et portant redingote et chapeau haut de forme. Ça avait révolutionné le personnel, la visite de cet homme noir au visage sévère, qui n'avait parlé à personne sauf au régisseur ; et encore, en phrases brèves, très sèches. Puis l'auto était repartie à toute allure.

Auguste m'avait raconté que c'était le directeur général, un monsieur terrible, disait-il, qui régnait sur nous tous. Il ne tolérait pas la moindre contradiction et ses ordres étaient nets comme des coups de hache. Le régisseur était mort de peur quand il avait débarqué à la sucrerie...

Ma patronne continuait à me donner des explications qui m'intéressaient beaucoup : la compagnie produisait uniquement du blé et du sucre. Et des immenses plaines de Normandie, de Beauce et de Brie, elle tirait des véritables rivières de blé, dirigées vers les grands moulins de Paris qui en faisaient de la farine et des montagnes de sucre, vendu à des grossistes...

En toutes époques de récolte, les saisonniers arrivaient

dans les fermes par centaines, binant, démariant, arrachant les betteraves, fauchant, gerbant, battant le blé. Elle était très vieille, cette compagnie, puisque, avant nous, elle avait employé mes parents et, je crois bien, mes grands-parents. Sa fortune était, paraît-il, colossale et, à Paris, des familles entières, celles des actionnaires, vivaient grassement, venant au siège chaque mois, chercher leurs rentes…

J'étais ébahie de ces révélations. Depuis bientôt trente ans que je venais à la ferme, c'était la première fois que j'en apprenais autant d'un coup. Mon père lui-même ne se posait jamais de questions sur ceux qui l'employaient, se contentant chaque saison d'empocher l'argent, à partir du moment où il y avait le compte. Et nous, on faisait comme lui… Mais ce que j'avais bien retenu de tout cela, c'est qu'il y avait une ferme à Mitry, là où était mon fils… Ce n'était pas tombé dans l'oreille d'une sourde…

Les mois passaient et, mon mari et moi, on s'ennuyait de plus en plus d'Auguste qui nous écrivait régulièrement et dont les nouvelles étaient bonnes, sauf pour la vie chez les cousins qui devenait intenable. Le cordonnier prenait jusqu'à trois cuites par jour et l'échoppe tombait à une saleté noire ; les clients découragés allaient ailleurs…

Je ne savais comment faire pour qu'Auguste, mon mari, accepte de s'en aller à Mitry. Je n'osais le lui demander… Et puis un soir, en rentrant, il me posa la question brusquement :

— Dis donc, Marie-Cat, ça te gênerait beaucoup si on quittait Avay, pour aller en Seine-et-Marne ?

Et, inquiet de ma réponse, il se mit à me vanter les mérites de ce déplacement. Je m'aperçus alors que, pas plus que moi, il n'osait m'en parler. Nous en mourions tous les deux d'envie sans le savoir.

Ce fut vite fait et le régisseur d'Avay et de la ferme Saint-Martin nous aida beaucoup. Il écrivit à Paris et on attendit la réponse. Elle vint une semaine plus tard. La compagnie acceptait le déplacement — à nos frais — à Mitry. Mon mari serait employé à la sucrerie et moi à la ferme. Dans les périodes creuses, Auguste devrait retourner aux champs comme charretier. On nous attribuait un logement près de l'usine à betteraves…

C'est en janvier 1931 que nous sommes partis. Nous avons fait nos adieux à tous ceux que nous connaissions, le régisseur, sa femme, les domestiques et quelques ouvriers sucriers. Ce fut rapidement mené. Dans notre vie de si rude travail, on n'avait guère le temps de nouer des amitiés. Nous n'en éprouvions d'ailleurs pas le besoin. Nous ne sommes pas bavards, Auguste surtout, et il disait qu'il n'avait rien à dire aux autres. Quand on arrivait chez nous, c'était pour aller se coucher et pas pour organiser des réceptions…

Nos meubles étaient partis par le train l'avant-veille et on quitta Avay de bon matin pour aller à la gare de Dieppe. Une dernière fois, avec une bougie que je fourrai ensuite dans mon sac, je fis le tour de la maison pour voir si nous n'avions rien oublié. Il n'y restait que le lit-cage prêté par la ferme, et sur lequel nous avions dormi. J'étais bien émue de la quitter, ma maison, mais moins que pour celle d'Avesnes. J'étais tellement heureuse à l'idée de retrouver mon fils ! Nous avons jeté un dernier regard à l'église, dont la masse sortait de l'obscurité, et hop ! en route. Nos valises furent chargées dans une charrette de la ferme, qui nous conduisit au train…

De la gare Saint-Lazare à la gare de l'Est à Paris, on fit l'expérience du métro. Quelle affaire ! Nous n'étions jamais montés là-dedans et on ne savait comment s'y prendre pour aller d'un endroit à un autre. Embarrassés par nos bagages, on eut bien du mal à monter dans les voitures. Et quelle foule ! C'est la première fois qu'on voyait autant de monde à la fois. On se demandait où ils allaient, tous ces gens-là, en courant ainsi comme des dératés. Ballottés, bousculés, renseignés à la hâte par des hommes qui repartaient au galop, on finit tout de même par arriver à la gare de l'Est où nous devions prendre le train vers Meaux.

On était montés dedans une demi-heure avant pour avoir le temps de s'installer et, en attendant le départ, nous regardions, effarés, l'animation de la gare. Chaque fois qu'un convoi démarrait à nos côtés, il nous enveloppait dans un nuage de vapeur. Et quand un train arrivait, nous restions stupéfaits du nombre de voyageurs qu'il débarquait. Pendant de longues minutes, les wagons vomissaient des passagers, des passagers à n'en plus finir, au milieu des claquements de portières, des cris, des coups de sifflets de locomotives et du cliquetis des chariots à bagages qui trouvaient le moyen de circuler dans cette foule très vite, sans renverser personne...

Auguste et moi, nous étions curieux et un peu angoissés par l'inconnu qui nous attendait... Lentement, le convoi s'ébranla. Nous regardions de tous nos yeux le paysage qui défilait. Triste paysage ! Des immeubles énormes, cachant le ciel et montrant à leurs fenêtres du linge qui claquait au vent. Puis ce furent les usines de banlieue et, un moment, j'eus une émotion. Je secouai le bras d'Auguste...

Sur de grosses cuves, je venais de lire : *Grands Moulins de Paris*. Ainsi, c'était là que venait finir le blé que nous récoltions depuis des années, tous les deux, et avant nous nos parents. Ça nous fit un choc, cette rencontre inattendue...

Peu à peu, les maisons diminuaient de hauteur. Au fur et à mesure qu'avec des halètements de bête fatiguée, la machine à vapeur nous tirait plus avant, les habitations se raréfiaient et on ne tarda pas à voir les plaines de la Brie, des plaines, des plaines à perte de vue. Ce jour-là, nous avions mal aux yeux. Il avait neigé quelques heures avant et tout disparaissait dans le blanc, un blanc complet, pur, pas sale encore...

Dans le compartiment, il faisait une chaleur à crever et nous avions hâte d'arriver. Il nous fallut encore, devant la gare, attendre le car qui nous emmena à Mitry. Le chauffeur n'était pas de belle humeur, avec ces routes couvertes de neige. Peu à peu, on s'enfonça dans la campagne, plate, uniforme, morne, sous l'épaisse couche blanche qui la recouvrait. Plusieurs fois, le lourd engin, où nous n'étions que six, dérapa dans les bas-côtés et le conducteur redressa avec des injures...

Enfin, dans cette immensité figée, immobile, on aperçut un clocher et des maisons. C'était Mitry, un gros bourg, là où nous allions. On nous déposa sur la place de la mairie où attendait une camionnette. C'était une gentillesse de M. Hiet, le régisseur, qui nous faisait chercher, et nous étions bien contents...

Le conducteur, d'emblée, tutoya Auguste, ce qui ne plut guère à mon mari.

Il allait s'y habituer rapidement. Nous étions ici dans la région parisienne et les mœurs n'étaient pas les mêmes qu'en Normandie. On sentait plus de gentillesse chez les voisins, chez les collègues de travail. Le monde où nous allions vivre désormais était changé, je le sentis tout de suite.

Le chauffeur de la camionnette avait la langue bien pendue. Il nous invita à boire un coup, dans un bar voisin. Il prit un verre de vin rouge et tiqua un peu quand Auguste commanda un café. Puis il nous expliqua ce qui nous attendait et les méthodes de travail.

— Ici, dit-il, c'est le bagne. Même pas une minute pour aller pisser. Le patron sans arrêt sur vos fesses, à vous espionner.

Auguste ne disait rien. Il écoutait attentivement, ce que d'ailleurs il a fait toute sa vie.

— Le régisseur est content de t'avoir, Santerre. Il dit que tu es dur à l'ouvrage. Tant mieux, tu vas pouvoir t'en donner à cœur joie.

Il me sembla que cette réflexion était plutôt aigre-douce... Enfin, on monta dans la camionnette. Ce n'était pas loin, d'ailleurs. La sucrerie était près de la gare à betteraves. De longs bâtiments de briques qui étaient ce jour-là coiffés de blanc. Et sur le tout, une très haute cheminée... Autour, des champs, rien que des champs, avec, en fond de décor, les bâtisses groupées de la ferme à quelques centaines de mètres. Ce n'était pas très gai, tout cela, et j'avais le cœur serré.

Dans la grande cour, vibrait sans arrêt le piston d'une machine à vapeur. Je devais m'habituer à ce bruit lent, régulier comme une montre, qui, en période de fabrication, marquait les heures de la communauté qui vivait là...

On nous indiqua notre logement où on avait posé nos meubles et nos paniers. Il y avait deux pièces et une cuisine et on avait tout groupé dans la salle derrière. Si bien qu'avec Auguste, on ne savait pas par quel bout commencer. Mais avant tout, il fallait aller saluer M. Hiet.

On attendit quelques minutes et il nous reçut, très gentiment d'ailleurs, dans un bureau étroit qui sentait le papier moisi, cependant que les murs tremblaient sans cesse sous les coups répétés du piston de la machine à vapeur. M. Hiet était très grand, très large d'épaules, sûr de lui. Il fut très cordial :

— Mon collègue d'Avay m'a dit le plus grand bien de vous deux. J'espère qu'il ne m'a pas menti. J'ai besoin ici de gens comme vous. Et maintenant, allez vous installer...

C'est ce que l'on faisait, le soir venu, lorsque la porte s'ouvrit. C'était notre fils. Quelle joie de le revoir ainsi, grandi encore, mais pas très gros, peut-être... Immédiatement, je lui demandai de venir loger avec nous. On lui achèterait un lit et une armoire. Il accepta sans hésitation. Il en avait plus qu'assez des cousins... Nous étions heureux, mon mari et moi, de le retrouver, de le serrer contre nous. Il était enfin là, souriant comme d'habitude, bon garçon comme il le fut toute sa vie...

Dès le lendemain, j'allai me présenter à la ferme, à Mme Hiet qui dirigeait les domestiques. Elle me parut sur le moment moins aimable que ma précédente patronne, plus raide, plus fière. Mais ce n'était qu'une impression et, rapidement, j'appris à l'apprécier. Dès lors qu'on n'était pas fainéant, elle ne vous ménageait pas sa sympathie. Je ne manquais pas de courage, il m'en avait toujours fallu beaucoup depuis mon enfance, et je ne trouvais pas que le travail ici fût plus pénible qu'ailleurs, au contraire...

Auguste avait la même opinion que moi. On l'avait chargé des chevaux qu'il avait trouvés mal tenus, pas étrillés, la paille malpropre. Or, Auguste aimait bien les chevaux et il les respectait. Il disait que c'étaient des compagnons de travail, de vrais camarades qui ne renâclaient jamais à l'ouvrage. Et pour cela, il n'y avait pas besoin de fouet. C'était bien inutile. Lorsque le cheval est habitué à sa tâche, il y va quasiment tout seul, en bête raisonnable qui sait bien qu'il doit en être ainsi, chaque jour...

Auguste fut rapidement l'ami des quatre percherons qui logeaient ensemble, dans la même écurie. Il commença par un lessivage complet à l'eau de Javel du dallage de brique. Puis il chaula les murs et étrilla longuement les croupes puissantes, tressant les crins de la queue et du col. M. Hiet, qui vint à l'écurie le surlendemain, ne dit pas un mot. Mais en quinze ans, mon mari ne le revit pas une fois dans ce local... Jamais les animaux ne manquèrent de rien. L'avoine ne leur était pas mesurée et la paille non plus. Auguste y veillait.

— C'est bien le moins qu'on puisse faire pour eux, puisqu'ils ne peuvent rien demander. Nous, on a une langue, on peut se défendre, mais eux..., disait-il aux copains qui l'accusaient, en riant, de dorloter trop ses percherons...

Ainsi s'organisa notre vie à Mitry. On recommença avec les mêmes horaires, les mêmes servitudes qu'en Normandie. Dès le matin, j'allais à la ferme et Auguste à la sucrerie. Et nous nous retrouvions le soir avec notre fils, discutant de la journée qui venait de s'achever et de celle du lendemain...

Mais je m'habituais mal à mon nouveau logement. C'était triste et surtout bruyant, avec la machine à vapeur qui, jour et nuit, nous pilonnait les oreilles. En outre, c'était aussi, au moment de la récolte, les camions qui ne cessaient d'affluer avec leur chargement de betteraves. Ils suivaient un itinéraire minutieusement établi, du porche d'entrée jusqu'aux trémies de lavage. C'était à la bascule, où on les pesait, que le vacarme était le plus grand, des allées et venues incessantes. Puis le bruit des bennes retentissait, suivi du glissement des racines dans les bacs de fer où on les débarrassait de leur terre. Il n'y avait pas que des camions. On entendait aussi des attelages venus de moins loin, avec des chevaux que des charretiers injuriaient en criant, au milieu des coups de fouet qui claquaient comme des balles de fusil...

A tout cela venait s'ajouter ensuite le trafic de la pulpe. C'est ce qui restait des betteraves après leur traitement en sucrerie et qui servait à nourrir les bovins. Une espèce de bouillie jaunâtre qui se répandait partout et sur laquelle on dérapait.

Par l'embranchement privé de la compagnie, elle partait par wagons entiers vers l'extérieur. C'est l'époque de l'année où la gare de Mitry retrouvait vie, dans un concert ininterrompu de sifflets de locomotive. Et l'odeur de cette pulpe, une odeur forte, puissante, pénétrait partout. Nos draps en étaient imprégnés...

Auguste, à ces moments-là, alternait son service. Une semaine de jour, de sept heures à vingt et une heures, et une semaine de nuit, de dix-neuf heures à sept heures. Et dehors, ça n'arrêtait pas. Inlassablement, les convois arrivaient, lâchaient des flots de betteraves grasses de boue et repartaient, souvent chargés de pulpe. Tout cela rythmé par le piston de la grosse machine de cuivre dont la roue, haute comme deux hommes, fournissait la force motrice...

Je n'étais guère en forme pour aller à l'aube prendre mon service à la ferme voisine. De ce côté-là, ça n'allait pas fort. Les domestiques grognaient et les saisonniers français devenaient rares. Ils ne voulaient plus, disaient-ils, « faire ce travail de crève-la-faim ».

On voyait, au moment des moissons et de la récolte betteravière, venir des Belges et surtout des Polonais silencieux et durs, qui obéissaient au doigt et à l'œil, sans comprendre un mot de notre langue...

Un jour, ma patronne m'apprit que la ferme était vendue. Découragée par les difficultés d'exploitation, la compagnie l'avait cédée à un agriculteur voisin...

Je n'aimais pas cet homme qui était brutal et autoritaire. Sa femme n'était guère plus sympathique. Peu de temps après leur installation, il m'arriva chez eux une curieuse aventure qui entraîna mon départ.

En faisant le ménage dans leur chambre et en soulevant une carpette, je découvris un billet de cinq cents francs. J'hésitai sur ce que je devais faire. Leur rendre où le laisser là où il était ? Je choisis finalement la dernière solution. Mais cette découverte m'avait mise mal à l'aise. Auguste me dit que c'était sûrement un piège pour mesurer mon honnêteté. J'étais scandalisée de pareils procédés. Dès lors que l'on ne me faisait pas confiance, il me paraissait inutile de continuer et je m'en allai...

Pendant quelque temps, je repris la saison avec les Belges et les Polonais chez d'autres cultivateurs de Mitry. Mais j'étais seule au milieu de tous ces gens-là et Auguste n'était pas là..., j'étais désemparée, sans jamais pouvoir échanger une parole avec personne autour de moi. Les Belges, des Flamands lourds, ne parlaient que leur langue qui ressemblait à l'allemand. Quant aux Polonais, ils n'échangeaient entre eux que des phrases brèves, roulantes, auxquelles, bien entendu, je ne comprenais rien non plus.

Ils vivaient tous dans la terreur d'être chassés s'ils ne travaillaient pas assez. Aussi restaient-ils courbés des heures et des heures sur la terre, sans même oser relever la tête. Par-dessus le marché, le soir, à notre retour, nous étions souvent injuriés par les domestiques français qui s'étaient replacés à la briqueterie voisine, qui venaient nous attendre pour nous insulter à notre passage et nous jeter des mottes de terre en disant que nous gâchions le travail...

Ça ne pouvait pas durer comme ça et, pour la première fois de ma vie, je « lâchai ». Je n'en pouvais plus. Je me demandais ce qui se passait autour de moi et ce que signifiait toute cette agitation, à laquelle je ne m'habituais pas.

Auguste d'ailleurs, à la sucrerie, constatait la même chose. Là aussi, ça branlait dans le manche. Par moments, les ouvriers se groupaient pour protester. Ils trouvaient que le patron allait fort en refusant d'augmenter leurs salaires.

La production y perdait de sa belle régularité. Mon mari et moi étions étonnés de tout ce mouvement. Depuis notre enfance, nous allions sans discuter, de l'aube à la nuit, pareils à nos parents, à nos frères, à nos cousins, sans que jamais l'idée nous effleurât de protester contre les conditions dans lesquelles nous devions travailler. Voilà que tout ça était changé... Le grand troupeau silencieux que nous formions se rebellait désormais et il fallait faire appel à la main-d'œuvre étrangère pour remplacer les partants qui s'en allaient en proférant des menaces, en parlant de révolution...

Un soir, alors que nous nous préparions à aller nous coucher, on avait frappé à la porte. Un homme était là, qui appartenait, disait-il, à un syndicat. Il était aimable et il parlait bien. Il nous demandait de prendre une carte pour nous protéger. Auguste avait refusé en disant qu'il était assez grand pour se défendre tout seul. Mais ils avaient discuté ensemble :

— Vous ne comprenez donc pas, Santerre, qu'on vous exploite ? disait l'homme. Pourquoi n'avez-vous pas de dimanche pour vous reposer un peu et pas de vacances non plus ? Et votre salaire ? Qu'est-ce que vous gagnez, votre femme et vous ? Dites-le-moi ?

Alors, on s'aperçut effectivement que, tout compte fait, on ne gagnait pas grand-chose. Depuis vingt-sept ans, mon mari et moi n'avions pas cessé de travailler et nous n'avions de côté que quelques centaines de francs. On en parlait dans le lit, avec Auguste, et lui aussi, pourtant si raisonnable, finissait par trouver qu'on abusait de nous. Oh ! avec gentillesse, bien sûr, mais qu'on abusait quand même.

Un jour que j'étais allée à l'épicerie, à Mitry, j'entendis un brouhaha dans la rue. C'était une rumeur encore vague, et, en sortant de la boutique, j'aperçus des gens qui écoutaient, intrigués, sur le pas de leur porte. Et soudain, débouchant d'un tournant, non loin de l'église, je vis un groupe d'hommes et de femmes portant des pancartes. On me dit que c'étaient des ouvriers et des ouvrières de la briqueterie et de la fonderie. Et pour la première fois de ma vie, j'entendis cette masse qui occupait toute la largeur de la chaussée crier, sur l'air des lampions :

— La grève, la grève, la grève !

Le mot m'atteignit en pleine figure, poussé par des centaines de poitrines... Et le défilé continua jusqu'à la sucrerie. Je le suivis puisque, moi aussi, j'allais par-là. Devant le grand portail, le groupe s'immobilisa, continuant à scander son appel. Puis, brusquement, les manifestants changèrent de thème, hurlant à pleins poumons :

— Les sucriers avec nous, les sucriers avec nous !...

Le bruit était tel qu'il couvrait les battements de la machine à vapeur. Des hommes de la sucrerie sortaient pour voir et rejoignaient ceux de la rue. Certains applaudissaient. Et sans cesse, des bâtiments, il en venait d'autres, attirés par les cris... Bientôt, tout le personnel fut dehors, tous gesticulant et discutant, cependant que le piston de la chaudière continuait d'aller et venir. Ça dura comme cela quelques minutes. Et, brusquement, le sifflet rauque de la sucrerie qui appelait les ouvriers au travail le matin, retentit, lugubre, ininterrompu. Un grand jet de vapeur s'échappait du gros tube métallique en biseau qui hululait sans arrêt...

Ce fut comme un signal. Tous les sucriers regagnèrent les bâtiments, cependant que le défilé reprenait sa route vers la ferme. Mais pendant qu'il repartait, des pierres furent jetées contre les vitres de la façade et des carreaux se brisèrent avec fracas.

Tous les jours qui suivirent, ce fut ainsi. Des cortèges parcouraient les rues de Mitry et même la campagne, où ils jetaient l'effroi dans les fermes. A la briqueterie, les fours qui brûlaient sans cesse depuis des années s'étaient éteints et le cubilot de la fonderie qui, à toute heure du jour et de la nuit, lançait de hautes flammes dans le ciel, s'était arrêté lui aussi de cracher du feu. Partout les ateliers, les usines se vidaient de leurs ouvriers qui venaient à leur tour se joindre à leurs camarades grévistes.

A la sucrerie, c'est un mardi que cela arriva. J'étais chez moi, dans ma cuisine, puisque, depuis quelques semaines, Auguste ne voulait plus que j'aille aux champs, lorsque soudain, un grand silence se fit. Je me demandai d'abord ce qui m'arrivait. Il me semblait que j'avais un étourdissement, que quelque chose me manquait. Brusquement, je compris que ce qui me mettait mal à l'aise, c'était le silence, un silence absolu, complet. La machine à vapeur venait de s'arrêter. C'était extraordinaire. Je me rendis compte, à ce moment précis, à quel point cette chaudière faisait partie de notre vie de tous les jours et de toutes les nuits. Les murs ne tremblaient plus et je n'entendais plus, près du buffet, vibrer les casseroles accrochées au mur et dont le tintement incessant accompagnait toutes mes heures de ménagère.

J'étais encore abasourdie de ce brusque calme lorsque le sifflet de la sucrerie se mit à hurler... Toute la vapeur accumulée par la machine sortait de là, à gros bouillons, libérée sans doute par le chauffeur qui craignait une explosion... Ça dura longtemps et, à Mitry, on l'entendit, ce mugissement désespéré. La vie de l'usine à betteraves sortait par-là en une plainte ininterrompue, semblable à la sirène d'un bateau en perdition et sur le point de faire naufrage. Partout dans les bâtiments, les brasseuses aux longs manches de fer, les trémies aux crocs d'acier, les ponts roulants hauts comme des maisons, les sauterelles encore chargées de betteraves, s'immobilisaient, frappés de mort. Et, s'ajoutant au cri de détresse de la sirène, les petites locomotives qui tiraient les wagonnets métalliques chargés de pulpe, se vidèrent elles aussi de leur vapeur, lâchée par les mécaniciens qui venaient de les abandonner, là où elles étaient, sans faire un mètre de plus. Et le sifflement aigu de ces minuscules machines fut le coup de grâce dernier, l'ébranlement ultime de cette masse de briques tout à coup silencieuse. La grève était commencée à la sucrerie…

# Chapitre VIII

Auguste faisait grève. Je n'en revenais pas... C'était ainsi. Il suivait le mouvement, convaincu à la fois par ses camarades de travail et par les hommes des syndicats qui, à tout instant, venaient chauffer la tête du personnel et qui prédisaient avec conviction que le grand soir était arrivé. Le grand soir c'était, nous disait-on, notre vie enfin améliorée. Moi, je n'y croyais guère, mais Auguste digérait tout cela. Il pensait qu'il fallait que ça change. Il disait que nous allions avoir des vacances, des salaires suffisants... Je me méfiais et pourtant, je ne discutais pas. Pour moi, mon mari avait toujours raison. Et, du moment qu'il décidait quelque chose, c'était forcément bien.

Dès le premier jour d'arrêt, Auguste avait été appelé chez le régisseur. Le dialogue avait été court, mais animé :

— Alors, même vous, Santerre, lui avait dit M. Hiet qui était tout pâle et fatigué. Même vous, vous me lâchez...

— Oui, monsieur, je vous lâche, comme vous dites. Parce que j'en ai marre... Marre de cette vie de dingue, sans aucun arrêt, sans repos, sans rien. Mais enfin, monsieur Hiet, on n'est pas des bêtes, quand même ! avait répondu mon mari.

Il lui sembla que M. Hiet avait souri et ça le mit en colère davantage... Alors, il devint violent, mon pauvre Auguste, lui qui ne se fâchait jamais :

— Non, pas des bêtes !... Et encore, vos bêtes, elles sont mieux soignées que nous, je vous en parle en connaissance de cause... Alors, tout ça, c'est fini !... Moi, je veux me reposer le dimanche sans avoir besoin de perdre deux heures à mes frais pour aller à la messe, avec votre bénédiction encore... Et puis, monsieur Hiet, de temps en temps, je voudrais bien voir autre chose que des champs, des champs, toujours des champs. Je suis né en 1889 et depuis mon enfance, je ne vois qu'eux et encore, je regarde surtout le sol, parce que je n'ai guère le temps d'admirer le paysage... Alors, vous comprenez, monsieur, que j'aie envie de changer... Maintenant, il faut aussi que je vous dise : si, actuellement, j'ai deux cents francs de côté, c'est parce que, ma femme et moi, on n'est vraiment pas fainéants. Autrement, on serait comme beaucoup d'autres, sans un sou, c'est-à-dire même pas le droit d'être malades...

Et Auguste s'était arrêté enfin, stupéfait d'en avoir tant dit en une seule fois. Les deux hommes s'étaient quittés, tristes l'un et l'autre d'ailleurs et regrettant sûrement d'en être arrivés là...

Le troisième jour de grève, on reçut une lettre de la compagnie. Elle nous avisait, avec des salutations très sèches, que si, dans un délai de huit jours, nous n'avions pas repris le travail, c'était la porte...

Partout on se réunissait. On ne savait que faire... Les chefs de familles nombreuses étaient partisans de recommencer. A la maison, les femmes s'inquiétaient. On vivait tant bien que mal sur les réserves et avec quelques secours que les syndicats apportaient aux plus malheureux. Mais s'il fallait encore, au bout, perdre sa place, ce n'était pas possible...

Et dix jours après le début de l'arrêt de travail, ils se retrouvèrent presque tous, devant le portail, tête basse, comme des chiens battus... Dans la cour, il y avait des gendarmes, tout un escadron de gardes républicains, amenés par camions de Paris et qui occupaient les lieux, mousqueton en bandoulière et casqués d'acier... Et les sucriers reprirent leur horaire... avec le même salaire. Mais pas pour longtemps. C'est l'époque où le gouvernement changea...

Mon mari et moi n'avions jamais voté... Mais le maire de Mitry, un socialiste qui était élu depuis peu, était venu nous voir et il nous avait fait comprendre qu'il fallait le faire cette fois. On s'était inscrits à la mairie... Et on avait mis dans l'urne le bulletin du candidat dont les affiches étaient barrées par trois flèches rouges. On nous dit plus tard que c'était lui maintenant notre député, un homme terrible qui passa une fois à Mitry, secouant la mairie et allant dans les rues, dans les usines, pour inciter les ouvriers à continuer leur lutte... A la briqueterie et à la fonderie, la grève avait duré plus que chez nous et on disait qu'ils avaient obtenu des améliorations...

Quand le gouvernement de M. Blum s'installa, on n'attendit pas longtemps. Mon mari racontait que les gens de la compagnie à Paris avaient dû, à leur tour, plier l'échine. Des discussions féroces opposaient les syndicats et les patrons. Ceux-ci, habitués depuis des siècles à parler haut, devaient y renoncer devant les terribles gaillards qui étaient en face d'eux, en bras de chemise, et qui ne se laissaient pas faire...

On disait que le directeur général de la compagnie, le fils de celui que j'avais vu naguère à Avay, en avait entendu de dures pendant les entretiens. Les délégués du Nord, de la Seine-Inférieure et de Seine-et-Marne lui dirent ses quatre vérités brutalement, sans y mettre de formes... On nous apporta un tract où on expliquait ce qui s'était passé pendant cette entrevue...

Les syndicats avaient commencé par faire un rappel de l'activité de la compagnie et du montant exact de ses ressources. Les millions récoltés par les saisonniers dans la plaine affluaient au siège, un grand immeuble de pierre de taille sur les boulevards, avec une énorme plaque de marbre noir, aux lettres d'or.

Et, rudement, les délégués soulignaient les injustices, l'exploitation continue des pauvres gens que la compagnie employait, comme ça, sans garantie, les renvoyant dès que la terre avait donné son blé ou ses betteraves, les renvoyant à leur misère, sans se préoccuper de ce qu'il advenait d'eux et ne les reprenant que l'année d'après, après une trêve de cinq à six mois, pendant laquelle ils pouvaient bien crever...

Mais le directeur général, d'un ton glacial, souligna que la compagnie avait quand même fait vivre des centaines de familles, bien contentes de trouver ce travail ; qu'après tout, elles étaient bien libres de ne pas le faire, et qu'on les avait logées, nourries...

A ce moment-là, ça avait tourné franchement mal, la discussion. Les délégués de la Seine-et-Marne, surtout, étaient féroces. Beaucoup étaient des fils de saisonniers qui gardaient sur le cœur les longues journées des parents et qui avaient encore dans la bouche le goût de la soupe aux légumes distribuée à la louche dans les fermes. Et ils avaient crié leur indignation, leur rancœur de toutes les misères accumulées, de la maladie que l'on ne pouvait soigner, des vieux qui mouraient sans soins, faute d'argent...

Enfin, ils avaient mis sous le nez de la délégation patronale un projet destiné à protéger le personnel. Les saisonniers étaient supprimés et les ouvriers agricoles devraient être l'objet de conventions. C'est à partir de ce moment que nous reçûmes une carte d'assurance sociale. Les représentants de la compagnie n'avaient pas le choix. Ils durent s'incliner, blêmes devant la menace de nationalisation que les interlocuteurs en bras de chemise évoquaient à tout instant...

Dans tout cela, je n'avais pas d'opinion bien arrêtée. Je n'en voulais pas aux gens de la compagnie, qui ne m'avaient jamais fait de mal et avec lesquels mes parents et nous, nous nous étions toujours bien entendus. Pourtant, je sentais bien que l'on réparait aujourd'hui des injustices très anciennes, que nous avions acceptées sans savoir, sans nous rendre bien compte. Mais aujourd'hui, tout allait soudain si vite que l'on n'arrivait plus à suivre le mouvement...

A partir de cette époque, on se reposa le dimanche. Mon mari et moi, on eut du mal à s'y habituer, mais ça nous sembla bien bon. En période de fabrication, Auguste allait encore travailler les jours de fête, mais c'était payé double et on ne se plaignait pas.

Après la grève, M. Hiet, le régisseur, n'avait fait aucun

reproche à mon mari de ce qu'il lui avait dit au cours de leur rencontre. Finalement, il devait être bien content aussi, M. Hiet. Il ne travaillait plus le dimanche…

Un jour, il nous proposa de changer de logement. Il y en avait un libre, hors de la sucrerie, sur la route de la gare, dans des maisons que possédait la compagnie. On accepta sans hésitation. Je ne me plaisais pas, là où nous étions. C'était petit et le bruit de la machine était désagréable. Et puis il y avait cette odeur de pulpe, qui pénétrait partout, si forte qu'on croyait en manger aux repas…

Le logement où on s'installa me rappelait un peu celui de mon coron natal… De la sucrerie jusqu'à la gare, il y avait une file de maisons de brique, toutes semblables, qui bordaient la rue. Quelques-unes étaient un peu plus grandes que les autres. C'étaient celles que l'on réservait aux contremaîtres. Toutes possédaient un jardin. Une haie de troènes nous séparait de nos voisins. Mais ils étaient si pelés, ces pauvres arbustes, qu'ils ne cachaient guère ce qui se passait à côté…

Au moment de déménager, je fis une folie. Comme notre salaire était un peu augmenté, je m'offris une cuisinière toute neuve qu'on acheta à la quincaillerie de Mitry. Elle trônait en bonne place et j'en étais fière. Les voisines étaient venues la voir pour l'admirer, entièrement émaillée blanc avec des tuyaux assortis. Enfin, le comble du luxe, c'était qu'elle ne s'éteignait pas. C'était un feu continu, comme on disait…

Et notre vie à tous les trois reprit là, tranquillement. Tranquillement pour nous, parce que, dans l'une des maisons, celle de gauche, chez les Fichot, qui touchait à notre chambre, c'était un enfer permanent. Elle, n'était pas très sérieuse et, pendant que le mari était à l'usine, c'était un défilé de jeunes qui venaient prendre du bon temps, à ce que l'on prétendait. Moi, je n'aimais pas me mêler des affaires des voisins, mais je ne pouvais pas faire autrement que d'entendre. Lui, Fichot, c'est bien simple, il rentrait saoul comme un Polonais un jour sur deux, et alors nous avions droit à la sérénade, comme disait Auguste…

On entendait des bruits de gifles, de coups, des grossièretés à ne pas croire, cependant que les trois enfants pleuraient. C'était terrible, surtout les soirs de paye à la quinzaine. Fichot laissait la moitié de ses sous au bistrot. Et tard dans la nuit, l'homme et la femme échangeaient des claques et des injures. On avait du mal à s'endormir et Auguste, excédé, disait qu'il irait casser la gueule du mari si cela continuait... Heureusement, Fichot tomba rapidement dans une telle ivrognerie qu'il fut chassé et, un matin, la famille déménagea à notre grand soulagement...

A cette époque, je restais chez moi, mais le temps me durait à ne rien faire. Et je recommençai à travailler en journée dans une ferme de Mitry. Je m'occupais de la cuisine et du ménage. Le travail n'était pas trop rude et bien payé. Les cultivateurs étaient gentils et le personnel y était traité avec respect. Je commençais à huit heures du matin et je terminais à dix-huit heures. Pour moi, c'était la vie de château, des petites journées comme ça !

C'est peu après que les ennuis de mon fils avec son patron commencèrent. Deux nouveaux coiffeurs étaient venus s'installer en ville et c'était une rude concurrence. Peu à peu, la clientèle s'éclaircit et Auguste en arriva à ne travailler que par demi-journées. Il était bien inquiet, le pauvre. Un jour, il nous annonça qu'il avait trouvé un autre emploi pour compenser son manque à gagner. Il s'était embauché à la briqueterie, comme manœuvre pour le chargement des camions... Son père aurait préféré qu'il vienne avec lui à la sucrerie. Mais Auguste n'aimait pas les bâtiments et il ne supportait pas l'odeur de pulpe. Je le comprenais, lui qui travaillait tous les jours dans un salon qui sentait l'eau de Cologne !

Il alla donc ainsi faire six heures chaque matin jusqu'à midi. Vint un moment où le patron coiffeur, découragé, ferma boutique... Il était au bord de la faillite. Il aurait fallu qu'il modernise son salon, mais il n'en avait pas les moyens et ses deux concurrents, eux, étaient parfaitement agencés...

Auguste, mon mari, que je commençais à appeler « Pépé », pour le différencier de l'autre, était tracassé... Il mûrissait un projet et, un soir, il nous en parla. Il y avait à Mitry une femme, qui était originaire du même village que nous, dans le Nord, et qui exploitait un café près de la mairie… Je la voyais parfois en allant faire mes commissions en ville… Auguste et elle s'arrangèrent tant et si bien qu'elle loua à mon fils une pièce à côté du débit de boissons. Avec un des fauteuils tournants et une table à miroir que lui revendit son ancien patron, mon fils s'équipa et se mit ainsi à son compte. Mais il n'ouvrait que le samedi et le dimanche. Le reste de la semaine, il travaillait à temps complet à la briqueterie… Il fit de très bonnes affaires. Beaucoup de clients l'aimaient bien et, pour lui, ils revinrent se faire coiffer là, d'autant que ces deux jours étaient bien choisis, en fin de semaine… Quant à la patronne du café, elle était très contente. Ce voisinage des deux commerces servait à l'un et à l'autre… Les clients, en attendant leur tour, buvaient un coup et ils n'avaient que le mal de passer dans la pièce à côté pour se faire coiffer… Et si cela avait duré comme ça, mon Dieu, on ne se serait pas plaints. Notre vie était douce, on n'avait pas de soucis d'argent. Oh ! on ne gagnait pas des mille et des cents, mais on était heureux. A la sucrerie, « Pépé » s'occupait toujours des chevaux que la compagnie conservait, bien qu'elle eût maintenant des tracteurs qui, dans les champs, étaient plus rapides et plus puissants pour sortir et tirer les charrois de betteraves…

Et puis un jour… C'était au moment où l'on reparlait de guerre encore. Et, à la ferme, je préparais le repas de midi en chantonnant… C'était, je me souviens, du pot-au-feu. Et je fredonnais l'air qu'aimait bien ce pauvre Paul :

*Si vous croyez que je vais dire…*
*Qui j'ose aimer…*

Ma chanson fut interrompue par des cris poussés au-dehors :

— Madame Santerre, madame Santerre !

Inquiète, je sortis sur le pas de la porte. Un homme couvert des pieds à la tête d'une fine poussière rouge gesticulait :

— Venez vite, madame Santerre. Votre fils vient d'avoir un accident.

J'étais atterrée. Quel accident ? Je ne comprenais pas. Et

l'homme, un ouvrier de la briqueterie, m'expliqua qu'au cours du chargement d'un camion, Auguste avait reçu sur la tête la brassée de six briques que son camarade de chaîne avait laissé échapper trop tôt, avant qu'il ne se soit retourné. C'est comme cela qu'ils se passaient les briques régulièrement, d'un homme à un autre, du dépôt au véhicule. Et la plupart du temps, ça allait bien. Les brassées atterrissaient sans accident dans les gros gants de cuir et repartaient chez le voisin et ainsi de suite... Cette fois, la chaîne avait « cassé ». Le pire était qu'Auguste se trouvait le premier en bas de pile, c'est-à-dire qu'il recevait les briques venues de plusieurs mètres au-dessus...

Je partis en courant, cependant que l'ouvrier continuait de me donner des explications, essayant d'ailleurs de me rassurer. A la maison, je trouvai mon fils allongé sur son lit. Trois ouvriers épongeaient sa tête. Sur le béret, tout rouge de poussière de brique, le sang mettait une tache plus foncée... Peu de temps après, le médecin arriva. Il examina longuement le crâne, en écartant les cheveux tout poissés...

— Allons... Ce ne sera pas trop grave... Rassurez-vous, madame, me dit-il. Il n'y a rien de cassé...

Et il fit un pansement après avoir minutieusement nettoyé la plaie... Chaque jour ainsi, il revint pendant une semaine. Et effectivement, Auguste allait beaucoup mieux et nous nous rassurions. Il garda son bandage une dizaine de jours, puis il n'eut plus qu'un sparadrap qu'il couvrait du béret qui ne le quittait jamais. Et il reprit son travail et des mois encore passèrent...

Entre-temps, il se maria et alla habiter avec sa femme à Mitry. Nous avions gros cœur de le voir partir. Mais n'est-ce pas la vie ? Ce que j'avais fait, moi, il le faisait à son tour et c'était normal. Je pensai alors à ce que mes parents avaient enduré lorsque je les avais quittés. Et encore, je n'étais pas fille unique. Il fallait s'y habituer, comme il faut s'habituer à tout, aux bonnes et aux mauvaises choses qui se succèdent dans notre pauvre existence. On ne nous donne pas à choisir. On nous impose... Et on doit l'accepter... Mais je n'avais guère de sympathie pour ma bru.

On eut d'ailleurs rapidement d'autres causes de soucis. De plus en plus, autour de nous, on parlait de la guerre. A la ferme, mon patron était soucieux. Après une éclaircie, pendant laquelle on crut le danger écarté[1], les mauvais bruits recommencèrent à courir, avec insistance.

« Pépé » ne croyait pas que ça allait recommencer. On se relevait à peine de la dernière, ce n'était pas vraisemblable que l'on remette ça... D'autres disaient le contraire. Et même, certains étaient partisans d'aller flanquer une bonne raclée aux Boches. Ce serait une question de jours, du vite fait... Avec l'armée que l'on avait, on ferait, disaient-ils, une vraie promenade de santé ; on prendrait une bonne cure d'air frais dans la Forêt-Noire et hop, direction Berlin ! Ils n'auraient même pas le temps de respirer, les Allemands... Moi, j'écoutais ces hommes et je les trouvais bien excités. Ils avaient l'excuse de se laisser enfler la tête par tous les bobards qui circulaient à ce moment-là. Les journaux, la radio, ne cessaient de claironner que nous étions les plus forts, les plus grands. Mais Auguste et moi, comme on ne lisait pas les uns et qu'on n'écoutait pas l'autre, on était moins encombrés par toute cette propagande imbécile qui faussait les esprits. On se méfiait. Nous nous souvenions comment, en 1914, nous avions été surpris, en Normandie, sans que le temps nous fût donné de retourner à Avesnes. En quelques jours, notre village avait été envahi par les Allemands qui venaient de là où on ne les attendait pas, de la Belgique.

— Et si ça recommençait comme à la dernière ? disait Auguste à ses camarades.

Mais on le traitait de défaitiste, de salopard. D'ailleurs, est-ce qu'il connaissait la guerre, lui qui ne l'avait pas faite ? Il n'était pas qualifié, lui répondait-on, pour juger de tout ça.

C'est donc dans un climat tout à l'optimisme que l'on déclara la guerre à l'Allemagne. Les hommes appelés sous les drapeaux n'étaient pas gais sans doute de s'en aller, mais ils pensaient de bonne foi qu'il n'y en aurait pas pour longtemps avant que l'ennemi soit à genoux, implorant grâce... Mon fils, réformé comme son père à vingt ans, au moment de partir au service militaire, mais lui, parce qu'il

1. Les accords de Munich.

avait les pieds plats, ne fut pas mobilisé. Il alla quand même à Paris, à la caserne Clignancourt, pour y subir un examen... Mais le major confirma la réforme et il lui indiqua aussi d'avoir à se méfier de son bras gauche dont les réflexes n'étaient pas bons. Ça ne l'avait pas surpris. Depuis quelque temps, il souffrait certains jours de ce bras qui, lui semblait-il, s'ankylosait parfois, ce qui le gênait pour couper les cheveux...

Cependant, le travail se raréfiait au salon. La plupart des hommes étaient partis et on revivait les mêmes difficultés qu'en 1914. A la sucrerie et à la ferme, c'était pareil. Mais les problèmes de main-d'œuvre étaient moins graves. Il y avait désormais plus de machines pour les pallier.

On s'installa ainsi dans un état curieux, dans une guerre qui n'en était pas une. « Pépé » ramenait tous les soirs des nouvelles réconfortantes, des brassées de victoires de tous les côtés. Pourtant, je trouvais que l'on n'avançait pas beaucoup avec tout ça. Mon mari me répondait qu'avec la ligne Maginot, on n'avait pas besoin de s'en faire... Quant aux voisines, dont les maris étaient sur le front, elles recevaient des lettres parlant de belotes, de concerts donnés par des vedettes de la radio et de distributions de vin chaud.

Seulement, parfois, ça clochait... C'est ainsi que l'on apprit la mort d'un ouvrier de la sucrerie, tué dans un combat isolé. Il était père de trois enfants et, apparemment, il ne devait pas jouer aux cartes, lui... L'entrée en guerre de l'Italie déclencha au bourg des ricanements :

— Avec les Macaronis, c'est toujours pareil. Comme en 1914... Du côté du manche.

Et puis, d'un seul coup, la comédie tourna au drame. On fut cueilli à froid comme ça, bêtement, sans s'y attendre... La Hollande, puis la Belgique, furent envahies et après elles, la France... Je pensai alors à mon petit village d'Avesnes, dans le Nord, qui connaissait une nouvelle fois l'occupation...

Bientôt il ne fut plus possible de douter que c'était la panique, bien que Pépé ramenât encore chaque jour des nouvelles de succès militaires, mais qu'il m'annonçait avec de moins en moins d'enthousiasme... Venus de l'Est, on vit arriver les premiers réfugiés qui s'installèrent dans la sucrerie, silencieuse à cette époque de l'année... On voyait de tout échouer là. D'abord, ce furent des camions, des voitures automobiles plus rapides pour la fuite. Puis vinrent les charrettes à chevaux, portant tout un monde, des meubles, du linge, et traînant des bovins à l'attache. Enfin, ce fut le pitoyable défilé des piétons, des pauvres gens qui se sauvaient avec des voitures à bras, des brouettes, emportant ce qu'ils pouvaient là-dedans...

Nous les regardions avec pitié, sans soupçonner que notre tour viendrait aussi et plus rapidement qu'on ne le croyait... Auguste, informé à la sucrerie, parlait de replis provisoires. Mais ça ne faisait pas de doute : la victoire était au bout !... Les Allemands n'avaient plus que quelques litres d'essence et on disait que leurs tanks étaient tirés par des chevaux !...

Un matin, on commença à voir des soldats, beaucoup de soldats, beaucoup trop... Ça n'annonçait rien de bon. Et ce fut notre tour d'entendre le cri d'alarme, le cri exécré partout en cas de guerre : « Les Allemands, ils arrivent... Ils sont à Château-Thierry... »

C'est mon patron le cultivateur qui nous emmena un soir vers cinq heures. Il s'en allait avec un tracteur et une remorque sur laquelle on mit quelques bagages à nous, mais pas trop, pour ne pas le charger. Il avait lâché ses bêtes dans les champs, par peur qu'elles ne retardent notre fuite... Pépé et moi, on était juchés sur un matelas. Le patron et sa femme étaient sur le tracteur que lui conduisait...

D'abord, il essaya d'aller vers Paris. Mais il dut y renoncer... C'est par-là que tous se dirigeaient, affolés, pour se mettre, par instinct d'une habitude ancestrale, à l'abri des murs d'une grande ville... L'encombrement était effrayant et bientôt, on obliqua à gauche pour descendre sur Melun. Dans la campagne briarde, ça allait et venait dans tous les sens. Autos, vélos, motos, cars, tombereaux, charrettes à bras, tout ce qui roulait fuyait vers le Sud. A Melun, on passa de justesse. Le Génie allait faire sauter le pont et l'officier parlait de nous couper la route, disant que nous ne pourrions aller bien loin dans la pagaille qu'il y avait devant nous...

Finalement, nous eûmes de la chance. Cet officier, mon patron le connaissait un peu. C'était un notaire de Seine-et-

Marne. Et il nous laissa passer avec un grand geste des bras. Nous étions sur la route de Fontainebleau quand on entendit l'explosion des ponts volant en éclats... A Nemours, ce fut terrible... Le mouvement était effrayant. Des convois militaires montaient, d'autres descendaient, s'enchevêtrant dans un désordre épouvantable. Des officiers, casqués, pistolet au point, s'ouvraient le passage à coups de menaces, faisant basculer les chariots des fuyards dans les bas-côtés. Certains, des cavaliers, tranchaient les harnais des attelages agricoles à coups de sabre pour les empêcher d'aller plus loin...

Tant bien que mal, nous avons réussi à passer. Mon patron se dirigeait vers Nevers, mais avec une telle complication d'itinéraire que l'on ne progressait guère. Il craignait les grandes routes, celles où, à perte de vue, s'agitait tout un monde effroyablement mêlé... Le soir, on cherchait un bois pour passer la nuit. Et on dormait sur la remorque où on étalait le matelas. Heureusement, la saison était très douce... Mon patron ne manquait pas d'essence. Il en avait trois énormes bidons qu'il cachait sous les bagages. Beaucoup de fuyards en manquaient et étaient prêts à tout pour s'en procurer, rôdant dans l'obscurité, avec des airs d'assassins, fous de peur d'être immobilisés ainsi en pleine campagne, à la merci des Allemands qui arrivaient...

Je ne me souviens pas très bien comment on réussit à atteindre Montargis. On y arriva dans la soirée, vers six heures, dans un encombrement extraordinaire. Les nouvelles étaient de plus en plus alarmantes. Nous avions les Allemands littéralement dans le dos.

Il faisait très beau, très chaud, et nous étions à l'entrée de la ville, bloqués dans une immense file hétéroclite, lorsque soudain on entendit des avions. C'était une terreur. A chaque fois que, dans le ciel, ronflaient des moteurs, la panique s'emparait des fuyards qui abandonnaient leur véhicule pour se jeter dans les fossés. Et, dans un bruit effrayant de sirène, les sinistres oiseaux fonçaient sur nous et lâchaient, tout au long de la route, des rafales de mitrailleuse qui balayaient les convois et mettaient le feu aux voitures, faisant exploser les réservoirs d'essence... Souvent, pour ajouter encore au désastre, les chevaux affolés s'emballaient et se sauvaient avec leur charrette, broyant tout sur leur passage, jusqu'à ce qu'ils fussent coincés sans pouvoir fuir davantage, se blessant contre les véhicules, à ce point qu'il fallait les abattre…

Et il y avait aussi les morts, les blessés qui râlaient dans cet enfer et demandaient du secours, sans que personne souvent ne pense à leur venir en aide, tous étant uniquement préoccupés de leur propre vie…

Aussi, ce jour-là, lorsque les vrombissements éclatèrent au-dessus de nous, ce fut la panique, mais pas longtemps. Des gens criaient :

— N'ayez pas peur, ce sont des Français… ce sont des Français…

Alors, rassurés, on se mit à faire des signes d'amitié. On voyait en effet les cocardes et nous n'y étions guère habitués, plus familiarisés avec les affreuses croix noires. Et brusquement, de ces appareils que nous croyions des nôtres, partit un déluge de fer et de feu qui vint s'abattre sur le convoi confiant… Ce fut horrible, ces gens surpris en pleine gaieté et qui ne se cachaient pas pour une fois…

Nous avions eu le temps tous les quatre de glisser vivement sous la remorque. C'est elle qui nous sauva…

Et je me souviens que tout à coup mon patron, dont le visage ruisselait de sueur, s'écria :

— Nom de Dieu de nom de Dieu !… Ce sont des Italiens !…

Je sais depuis ce temps-là, et je ne l'oublierai jamais, comment est faite la cocarde italienne. Exactement comme la nôtre, sauf le vert à la place du bleu !

Sur la route, c'était un désastre. On entendait des gémissements sans fin, des cris de douleur… Des véhicules militaires passaient, mais de moins en moins nombreux. Des tanks avaient, dans leur fuite, déblayé impitoyablement le terrain, poussant les voitures sur le côté où elles flambaient, avec de grosses fumées noires. On entendait des explosions, mêlées aux cris des blessés. Mon patron eut la chance de garer notre attelage dans une cour voisine où il s'engagea. Il était grand temps. L'incendie se communiquait tout au long de ce pitoyable convoi que tous abandonnaient, s'enfuyant vers le centre de la ville…

C'est peu après que, dans ce concert désespéré, on entendit le bruit régulier de moteurs et des éclats de voix gutturaux, des ordres donnés sèchement. Dans la cour déserte, nous attendions... Et soudain, on vit surgir de grands gaillards blonds aux uniformes mouchetés, mitraillette au poing. Ils ne s'occupèrent même pas de nous, courant aux bâtiments de la maison, dont ils défonçaient les portes à coups de pieds avant de lâcher des rafales de balles pour nettoyer les pièces et les caves... Nous étions morts de peur. Ce fut très rapide. Puis un militaire arriva à bord d'une auto à chenilles et se dirigea vers nous. Son visage était noir d'huile et de poussière où les lunettes, relevées sur le front, avaient laissé une trace blanche. Il s'arrêta tout près. Il était armé d'un énorme revolver. On croyait notre dernière heure venue... Instinctivement, je me mis à prier...

Alors cet homme, qui était entouré d'autres soldats, comme lui bottés de cuir et casqués, armés jusqu'aux dents, cet homme, je me rappelle bien qu'il nous dit dans notre langue, sans un accent :

— Surtout, n'ayez pas peur, mesdames... Nous ne sommes pas des barbares, nous ne tuons pas les civils...

C'est ainsi que se termina notre exode...

Quelques jours après, nanti d'un laissez-passer, notre équipage pouvait faire demi-tour et revenir à Mitry où ce qui nous attendait n'était pas beau...

# Chapitre IX

Au prix de difficultés sans nombre, nous sommes revenus chez nous. Tout au long des routes, c'était un vrai chaos... Véhicules militaires incendiés, maisons détruites et ponts coupés. Là, il nous fallait faire de longues queues et emprunter des bacs... Partout où nous passions, les Allemands s'installaient et plusieurs bâtiments officiels étaient ornés de drapeaux rouges à croix gammée sur fond blanc... A la sortie de Melun, il y eut une scène pénible entre mon patron et un officier en uniforme noir qui commandait un poste. Il nous refusa carrément l'accès de la route nationale et nous indiqua un chemin en plaine qui menait Dieu sait où.

Mais le cultivateur refusa net de s'engager là-dedans avec le tracteur et la remorque, s'entêtant à vouloir aller tout droit. Alors, ce fut terrible. L'officier, un grand blond rougeaud, sortit son revolver et, en allemand, il hurla des menaces, brandissant l'arme sous notre nez et parlant de nous tuer tous, dans un français très correct, cette fois...

Heureusement, survint à ce moment une longue voiture noire escortée de deux motos... A l'intérieur se trouvaient trois hommes, aux uniformes vert foncé, chargés de dorures. Et l'officier noir avait claqué des talons, cependant que le véhicule s'arrêtait. Une courte conversation s'engagea. Les occupants de la limousine demandaient des explications, sans doute, sur notre présence en plein milieu de la route. Ce fut très bref. Après nous avoir regardés une seconde, l'un des hommes donna un ordre d'un ton brutal, accompagné d'un geste de la main. Blanc de rage, mais toujours immobile, l'officier en noir ordonna alors aux soldats du poste de nous laisser partir, dans la même direction que la longue auto... Je me suis toujours demandé depuis qui pouvaient être ces militaires. Mon patron disait, en riant d'un air soulagé, que ce devaient être des maréchaux...

Quand on arriva à notre maison, une surprise bien désagréable nous attendait... La porte était grande ouverte et nos meubles complètement vidés. Plus de linge, plus de vaisselle, plus rien ! Des pillards étaient passés par là. Devant ce spectacle, Pépé et moi, nous avons pleuré. Ainsi, une fois de plus, à trente ans de distance, nous avions encore une fois tout perdu. Il ne nous restait plus que les quelques vêtements que nous avions emportés... Et aussi, à la cave, un petit tonneau de bière et une quarantaine de kilos de sucre que mon mari avait achetés peu avant notre départ. Dans l'escalier, il avait placé au moment de notre fuite une très longue planche en équilibre, qui avait dû inquiéter les voleurs...

Auguste décida d'aller voir M. Hiet. Mais, dans la cour de la sucrerie, il s'arrêta, interloqué. Elle était pleine de voitures vert foncé et, à la porte, une sentinelle gardait l'entrée. Le régisseur était dans son bureau, mais il était pâle, l'air las. Il annonça à mon mari que l'armée venait de réquisitionner la sucrerie qui, désormais, travaillerait pour l'occupant. Et il lui montra dans la cour le nouveau patron, un gros officier assez âgé :

— C'est un Bavarois, un cultivateur qui est chargé de diriger l'usine ici, dit M. Hiet. Moi, je ne suis plus rien, je n'ai plus la parole. Tous, nous devons lui obéir maintenant.

Il était terrible, cet officier, avec son uniforme kaki[1]. Il ne quittait pas une cravache de cuir dont il cinglait sans cesse

1. Probablement de l'organisation Todt.

ses bottes. Les ouvriers en avaient une peur bleue. Il s'était rapidement fait craindre, dès la première heure de son arrivée, en tombant à coups de schlague sur un chauffeur qui refusait de se découvrir devant lui. La cravache avait sifflé plusieurs fois, balafrant le visage du pauvre bougre jusqu'à ce qu'il demande pardon, à genoux... Autour d'eux les soldats, des hommes âgés pour la plupart, regardaient, silencieux, cette scène de violence.

C'est ainsi que M. le capitaine Schmidt s'imposa à la sucrerie. Il devait en quelques mois être haï de tous et de toutes. Je ne pouvais pas le sentir. Rien que sa vue me rendait malade, avec son air satisfait et sa façon de se redresser en marchant, tout en tirant sa tunique par-derrière et en tapotant ses bottes...

Auguste reçut un laissez-passer, pour aller et venir dans l'usine avec ses chevaux et en sortir pour aller dans les champs. Comme tous ses camarades, il n'oubliait jamais d'ôter sa casquette lorsque le *Hauptmann* passait devant lui, raide et content...

Notre fils rentra quelques jours après nous. Il avait fui jusqu'à Châteauroux avec les parents de sa femme, par le train... Lorsqu'il vint nous voir, à son retour, il se plaignit de son bras qui le faisait souffrir de plus en plus. Il le remuait bien difficilement et mon mari lui conseilla d'aller voir un médecin. C'est ainsi et à la suite des examens que celui-ci conseilla, que nous avons appris que cette paralysie était probablement due à sa blessure à la tête...

Il ne rouvrit jamais son salon. La briqueterie le prit comme pointeur, mais il ne gagnait pas beaucoup et les temps étaient durs. La disette s'installait en France pour plusieurs années.

Pépé et moi, on en souffrait peu, habitués depuis bien longtemps à nous rationner de nous-mêmes... On dut seulement diminuer la viande à laquelle on commençait à prendre goût. Avec notre jardin et les quelques lapins et les poules que mon mari élevait, on s'en tirait. De la ferme, je rapportais parfois un peu de beurre et des pommes de terre. Le pire, c'était pour le café. Il fallait faire des queues de plusieurs heures pour en avoir un paquet, une espèce de saleté, moins bonne que la chicorée de mon enfance. Quant au chauffage, à la stupeur de nos voisins, mon mari le fabriqua lui-même. Il avait obtenu du capitaine Schmidt l'autorisation de ramener les raclures de poussier qui restaient sur le sol de la chaufferie, autorisation que l'Allemand lui avait donnée en ricanant et en murmurant des mots inconnus. A cette poussière noirâtre, Pépé ajoutait une sorte de glaise, trouvée aux environs de la briqueterie, et il agglomérait le tout en petits boulets. Dès les premiers essais, ce fut concluant. Ça dégageait une odeur épouvantable, mais ça brûlait et ça chauffait... Pépé, en souriant, me disait alors que l'école des briquettes à Avesnes nous était aujourd'hui bien utile...

Des camarades voulurent, eux aussi, profiter de l'aubaine. Mais, dès les premiers mots, le *Hauptmann* les avait renvoyés sans explication en cinglant plus fort ses bottes avec sa cravache... Je ne sais pas pourquoi il refusait aux autres ce qu'il accordait à mon mari, mais je crois qu'il appréciait beaucoup les soins qu'Auguste donnait aux chevaux. Souvent, il venait à l'écurie caresser leur poil soyeux. Il les aimait bien. Peut-être lui rappelaient-ils les siens, laissés dans sa ferme de Bavière. A ce moment-là et pendant qu'il flattait la croupe des percherons, une lueur de tendresse passait dans ses yeux... Un jour, il fit un cadeau à Auguste... Il tomba la veste et fit une démonstration. Avec l'appareil qu'il apportait et une petite bouteille munie d'un pinceau, il réussit à dessiner, sur le cou et les cuisses des animaux, de petits carrés et des losanges qui s'imprimaient dans le poil. Il était content de lui :

— Nous faire comme ça en Allemagne afec les chefaux, déclara-t-il, satisfait.

Auguste prit cela comme un ordre et il apprit, lui aussi, à imprimer sur les croupes des percherons. Et le gros capitaine ne manquait pas, lorsqu'il le rencontrait avec un attelage, d'examiner les bêtes. Alors, il murmurait :

— *Gut... gut... Schön... schön...*

Cet amour partagé des chevaux valut à Pépé de recevoir plusieurs fois des petites bouteilles de sirop de sucre. En effet, bien qu'ils en fabriquassent à longueur de journée, il était interdit aux ouvriers de prendre du sucre, sous peine des plus graves sanctions. Ce qui fait que nous devions nous contenter de la maigre ration de l'épicerie, au début du mois…

Mais ce sirop, il en fallait pour obtenir les quadrillages sur le poil des chevaux. Et mon mari en employait le moins possible, ramenant le reste du flacon à la maison.

Ainsi se poursuivait notre travail à l'un et à l'autre. Je partais le matin à la ferme, en même temps qu'Auguste allait à l'usine prendre son service. Nous vivions au milieu d'un va-et-vient de soldats allemands, finissant par nous habituer à leur présence. A la ville, le drapeau à croix gammée flottait sur la maison d'un industriel de Paris, un Juif, disait-on, réquisitionnée et où s'était installée la *Kommandantur*…

Au milieu des difficultés de rationnement que nous supportions assez bien, mon mari et moi, il y avait une chose qui, pourtant, nous privait beaucoup. C'était le pain… Depuis mon enfance, le pain avait une grande importance dans ma vie. Et au pire moment, il y en a toujours eu à la maison. Du bon pain blanc, à la croûte dorée qui dégageait un parfum délicieux de pâte chaude et bien levée. Mais le pain que nous recevions sous l'occupation ne ressemblait que de très loin à celui-là… C'était une sorte de bouillie visqueuse et serrée. Si on ne la mangeait pas dans la journée, le lendemain, on ne pouvait plus en venir à bout. Il était dur comme de la pierre et d'une couleur jaunâtre, étrange, malsaine…

Mon patron, à la ferme, déclarait en souriant que c'était un vrai pain de l'autre monde :

— Heureusement, ajoutait-il, ça ne durera pas longtemps… On reverra le pain blanc quand ces salauds seront repartis.

Il était patriote, mon patron, et il n'aimait pas du tout les Allemands. Il ne s'en cachait guère. Et quand il allait leur porter ses récoltes à la coopérative, il en était malade de rage rentrée. Sa femme lui conseillait la prudence, lui demandant de se taire. Elle se méfiait de quelques domestiques de la ferme, d'un couple surtout, des Polonais responsables de l'étable, dont les regards vifs et sournois fouillaient partout par en dessous… Je ne les aimais pas non plus, ces deux-là. Plusieurs fois, à la ville, en allant en courses, je les avais vus dans un café, bavarder avec des soldats. Ils parlaient très bien l'allemand. Mais mon patron riait de ces alarmes en disant que les Kuppa — c'était le nom de ces domestiques — étaient finalement de braves gens et de bons employés...

On était bien loin de soupçonner comment tout cela allait finir, brutalement, tragiquement. C'était un matin de décembre. Quelques jours avant mon anniversaire... Nous étions à la cuisine, occupées, à cette heure, à préparer le repas, lorsque, dans la cour de la ferme, une voiture s'arrêta...

Quatre hommes étaient à bord, des individus coiffés de chapeaux rabattus et vêtus de « cuirs » noirs. Ils entrèrent sans frapper et, s'adressant à ma patronne, ils lui demandèrent où était son mari. Elle indiqua la pièce voisine, le bureau où le cultivateur faisait ses comptes. Et elle voulut l'appeler. Mais, avec un mauvais sourire, l'un des hommes s'y opposa. Et ils passèrent à côté, refermant la porte derrière eux...

Ma patronne était toute blanche. Et, inquiètes, on écouta. D'abord ne nous parvint qu'un bruit de voix, monotone, bourdonnant. Puis, on entendit des chocs : du verre cassé, des meubles renversés, suivis d'un long silence angoissant... Et soudain, ce furent des hurlements de douleur, des hurlements insoutenables qui nous glacèrent le sang dans les veines. Et, à la porte du bureau, brutalement poussée, mon patron apparut, soutenu par deux des inconnus. Il avait le visage en sang et ses deux mains n'étaient plus qu'une plaie. Au même moment nous arriva au visage une odeur affreuse, une odeur de chair brûlée. Je compris ensuite comment il avait été torturé. Ses deux mains avaient été appuyées, de force, sur le dessus du poêle, rougi à blanc, qui chauffait le bureau ! Ils l'emmenèrent ainsi, ce pauvre homme, et on ne le revit jamais plus. Après la libération, on apprit qu'il avait été déporté en Allemagne et qu'il y était mort, dans un camp de concentration...

Cette arrestation fit un bruit énorme. J'appris avec stupeur que mon patron était le chef d'un réseau de résistance et que, sûrement, on l'avait dénoncé. Pour savoir qui, ce n'était guère difficile ! Si on en doutait, ça ne dura pas longtemps. Les Kuppa, quelques jours après, quittèrent la ferme et s'installèrent dans un café situé près de la *Kommandantur* et qu'ils rachetèrent à la propriétaire, dont le mari était prisonnier de guerre…

Ce café devint le rendez-vous de tous les soldats ennemis, un vrai repaire de collaborateurs… Pendant des semaines, je ne quittai pas beaucoup ma patronne. La pauvre femme était dans un état lamentable et, ce qui me frappait, c'étaient ses cheveux. Ils devinrent tout blancs en moins d'une semaine. Elle avait dû aller à la *Kommandantur,* elle aussi, où elle fut interrogée. Mais elle ne savait rien des activités de son mari et on finit par la renvoyer à sa ferme. Elle devait mourir quelques années plus tard, après la Libération, mourir de chagrin, c'est sûr. La scène à laquelle j'avais assisté m'avait secouée profondément. Pour la première fois, je faisais connaissance avec la cruauté humaine, une cruauté qui dépassait l'imagination. Pendant des mois, la vue d'une voiture noire passant devant ma porte me coupa les jambes ; je me mettais à trembler, craignant qu'elle ne vienne chercher Pépé à la sucrerie. Je sus plus tard qui étaient les hommes en chapeau rabattu : des agents de la police secrète allemande, la Gestapo… On les voyait ainsi parfois circuler en ville. A plusieurs reprises, ils vinrent à la sucrerie pour interroger des ouvriers qu'ils embarquèrent ensuite de la même manière que mon patron…

Ces jours-là, mon mari rentrait à la maison malade de peur. Même le capitaine Schmidt se cachait au maximum quand il voyait les policiers. Il se faisait tout petit et filait doux, lorsqu'ils donnaient des ordres, d'une voix calme, en souriant…

C'est dans ce climat de crainte que nous vivions, lorsqu'un matin, devant la maison, j'entendis un remue-ménage de voitures et de cris. Dans la rue, des soldats couraient… Une voisine m'apprit la nouvelle : Kuppa, le Polonais, venait d'être abattu en sortant de son café, abattu à coups de revolver…

Dire ce que furent les jours suivants est impossible. Partout en ville, ce n'était que perquisitions, interrogatoires accompagnés de passages à tabac. Le maire fut arrêté pendant une semaine. C'était la terreur… Et le jour des obsèques de Kuppa, tout le monde s'enferma. Dans les rues, les maisons étaient silencieuses et les volets des magasins baissés... Des soldats en armes escortaient le corbillard, pendant que le clocher sonnait le glas. Auguste était resté à la maison et nous avons passé une bien mauvaise journée, craignant le pire à chaque minute. Il y eut plusieurs arrestations en ville. Des hommes embarqués au petit jour et que, comme mon patron, on ne revit jamais plus...

Sans que nous le sachions, l'heure de la Libération approchait, mais nous n'étions pas au bout de nos peines... Chaque jour davantage, on entendait dans le ciel des vrombissements. Très haut passaient d'énormes avions dont rapidement on sut le nom, des forteresses volantes. Elles allaient, disait-on, lâcher leurs bombes sur l'Allemagne. D'abord, on se félicita tant que les bombes ne tombèrent point chez nous ! Mais cela ne tarda pas. Après la région parisienne, arrosée copieusement, ce fut notre tour.

Un matin qu'à la ferme, je m'occupais de la basse-cour, je vis arriver les avions, volant plus bas que d'habitude, ce qui n'était pas d'un bon présage. Je savais mon mari dans les champs avec ses chevaux, en train de répandre du fumier, lorsque j'entendis la sirène mugir désespérément... M. Hiet, plus tard, nous a raconté ce qui se passa alors...

Dès le premier coup de sirène, le sifflet de l'usine retentit lui aussi, jetant partout la panique. Tous fuyaient aux abris creusés près de là, en direction de la gare, cependant que les gros appareils à cocardes tricolores — ce n'étaient pas des Italiens, cette fois — tournoyaient au-dessus. Il y en avait cinq, escortés de trois plus petits qui volaient en rase-mottes, remontant ensuite vers le ciel dans un bruit effrayant, pour aller sans doute renseigner les autres. Soudain, comme à la manœuvre, les bombardiers commencèrent à descendre, sans se presser, repérant l'objectif, cependant que, çà et là, on entendait de dérisoires rafales de mitrailleuses, lancées en direction des assaillants par des soldats de la *Kommandantur*. Méthodiquement, l'un après l'autre, les avions passèrent au-dessus de la sucrerie et de la gare, lâchant chacun un chapelet de bombes, alternant les explosives et les incendiaires, selon un plan bien calculé. Et l'enfer éclata, qui ne dura que cinq minutes, mais qui fit croire à ceux qui étaient dessous que ces minutes étaient des heures...

Le sol fut comme soulevé de part et d'autre de la sucrerie par une main géante, les bombes allant labourer les champs voisins. Puis, prise de plein fouet, la gare fut pulvérisée par une avalanche de fer et de feu, cependant que la voie ferrée sautait sur cinq cents mètres en direction de la plaine, les rails d'acier tordus et arrachés comme des bouts de ficelle.

Puis ce fut le tour de la sucrerie, prise en charge par l'avion suivant avec une telle précision que les maisons, les nôtres, qui précédaient les bâtiments, restèrent quasiment intactes. La première bombe vint tomber dans la cour où l'explosion frappa au cœur la grosse machine à vapeur qui fonctionnait encore, crevant la chaudière qui se mit à vomir de la fumée blanche, cependant que le piston était pilonné comme une galette et que la grosse roue motrice arrachée allait rouler à vingt mètres de là, abattant les cloisons au passage de ses cinq tonnes... Les engins incendiaires pleuvaient, éclatant comme des pétards et faisant ruisseler le feu sur les poutres abattues. Puis les hangars de stockage y passèrent à leur tour, dans une immense odeur de caramel que l'on sentait à un kilomètre à la ronde... Des milliers de kilos de sucre en sacs étaient en train de griller, dans des gerbes de flammes bleues. Lentement, le dernier bombardier survint pour nettoyer le reste, notamment la haute cheminée de briques qui, par miracle, était encore debout au milieu de ce déluge. Elle fut touchée à la base, là où il y avait le four. Et, dans les craquements de l'incendie, elle céda, après avoir oscillé quelques secondes ; elle céda d'une seule masse, s'abattant dans un fracas épouvantable, tout d'une pièce, en un tas de poussière rouge de plusieurs mètres d'épaisseur...

Enfin, après un dernier passage — des petits avions, venus vérifier le travail —, l'orage cessa... Mais on entendait des crépitements et les ronflements des flammes qui jaillissaient brusquement, alors que l'on croyait tout calmé. Les bombes incendiaires achevaient l'œuvre de destruction. Il ne resta rien de la sucrerie qu'un immense amas de briques et de ferrailles. Une partie de l'écurie seulement, celle qui touchait nos maisons, était épargnée... Il y eut sept morts parmi les soldats et trois ouvriers, des camarades d'Auguste, furent tués en voulant gagner l'abri... on déplorait aussi une cinquantaine de blessés…

Les jours suivants, on vint là comme au spectacle, mais un spectacle de deuil et de ruine qui laissait les gens stupéfaits, incrédules. Le paysage voisin n'était plus qu'un chaos, où l'on se perdait. Il fallait que l'on se repère aux wagons déchiquetés, à demi enterrés, pour deviner l'emplacement ancien de la gare, rayée de la carte… Plus un arbre, plus un buisson, rien que le sol labouré qui avait avalé la route goudronnée et les chemins d'accès…

Le plus incroyable, c'était nos maisons. Lorsque nous avions couru, après le bombardement, mon mari et moi, dans le flot des familles qui revenaient, on s'attendait à ne plus rien trouver. En fait, si nos vitres étaient cassées et nos meubles déplacés, le logement n'avait pas trop souffert… Le déluge avait été déclenché, volontairement sans doute, cinquante mètres plus haut… Cela marqua la fin de la sucrerie et le départ du capitaine Schmidt, inutile désormais pour exploiter des ruines. Pépé continua pourtant à être employé par la compagnie, les chevaux occupant la partie intacte de l'écurie rafistolée à la hâte. Il travaillait à des travaux de déblayage et de récupération. M. Hiet, le régisseur, avait été blessé et il devait la vie à une énorme cuve d'eau qui l'avait protégé pendant le bombardement. Il fut relogé par la compagnie à Mitry qu'il devait quitter quelques mois après la Libération.

Auguste, mon fils, venait nous voir régulièrement et son bras nous inquiétait. Il en souffrait beaucoup, à peine soulagé par les cachets que lui donnait le docteur. Il était très handicapé pour son travail à la briqueterie, mais les hommes manquaient à cette époque et on le gardait quand même. Ce manque de main-d'œuvre masculine se faisait sentir également à la ferme. Et plus d'une fois, je retournai aux champs, surtout au moment des moissons et de la récolte des betteraves…

Ma patronne baissait chaque jour, parlant à peine, folle d'inquiétude au sujet de son mari, dont elle ne savait rien, sinon qu'après un séjour à Compiègne, il avait été condamné comme terroriste et qu'il était en prison quelque part en Allemagne…

Chez les Kuppa, dont le bar s'appelait comme par dérision « le Café Français », les Allemands menaient joyeuse vie. Tard dans la nuit, on entendait de la musique. La Polonaise s'était vite consolée de la mort de son mari. Ceux qui n'avaient pas peur allaient voir, le soir venu, à travers les rideaux. Ils racontaient que c'était une vraie débauche avec des femmes venues de Paris, fardées comme des poupées et qui dansaient toutes nues sur les tables...

— Un véritable bordel ! disait notre fils lorsque l'on en parlait. C'est une honte de voir ça !

La ville était scandalisée par ce spectacle alors que tant de monde était malheureux. Pépé, lui, était plus philosophe :

— Il y a toujours eu des salopes, il y en aura toujours. On ne changera jamais ça, constatait-il.

N'empêche qu'il trouvait aussi que ce n'était guère moral...

Depuis quelque temps, nous étions mieux au courant de l'actualité. On s'était offert la T.S.F., un beau petit poste qu'on avait acheté chez Camus, le radio-électricien... Le soir, avec des précautions de conspirateurs, on calfeutrait tout et on écoutait Londres qu'on repérait, grâce à son bruit de moulin à café. Ainsi, nous connaissions les nouvelles. On ne se fiait guère à Radio-Paris qui racontait n'importe quoi. Un soir, on apprit le débarquement... Les Allemands devenaient de plus en plus hargneux au fur et à mesure que les informations anglaises étaient plus optimistes...

Une nuit, on fut réveillé en sursaut par une forte déflagration, suivie de coups de feu. Pépé voulait sortir pour aller voir, mais je l'en empêchai. Le matin, nous apprenions que la *Kommandantur* était en partie détruite par une bombe placée dans une serre, derrière. Deux hommes du poste de garde avaient été tués. L'affaire sembla en rester là pendant quelques jours. On ne vit pas la Gestapo, occupée ailleurs, sans doute. Il était évident que la désorganisation s'installait dans l'armée allemande. Chaque minute, on voyait passer des convois qui montaient vers la Normandie, cependant que d'autres en revenaient, mêlés de véhicules militaires et civils réquisitionnés...

A cette époque, j'eus la plus belle peur de ma vie. C'était un dimanche matin et nous venions de rentrer de la messe. Je préparais le déjeuner que, ce jour-là, mon fils devait venir partager avec nous, lorsqu'on frappa à la porte, rudement.

J'allai ouvrir et me trouvai nez à nez avec un Boche casqué, qui portait un fusil sur le dos. Il me tendit un papier. Pépé devait se rendre de toute urgence à la *Kommandantur*... Je sentis mes jambes flageoler et manquai de me trouver mal. Le soldat répétait avec insistance un mot allemand que je ne comprenais pas. Il me sembla qu'il voulait me rassurer... Pépé n'en menait pas large. Je m'accrochais à lui comme si je ne devais plus le revoir. Je pensais à mon patron... Mais mon mari, lui, n'avait rien fait, j'en étais sûre. Il me l'aurait dit...

Il partit avec le soldat. Je m'étais assise dans la cuisine, incapable d'aller à mon fourneau. Auguste, mon fils, arriva au même moment. Il était blême, ayant croisé son père ainsi escorté... Il se mit à guetter à la porte et ça dura au moins une heure. C'est bien celle-là qui fut la plus longue de mon existence...

J'imaginais Pépé, battu et torturé, puis jeté dans une cave de la *Kommandantur* où on disait qu'il se passait des choses affreuses. Soudain, Auguste se tourna vers moi, souriant et soulagé : « Le voilà, mère. » Je me sentis mieux tout de suite. Et effectivement, mon Pépé arrivait tranquillement, mais le visage défait :

— C'est pour les chevaux, expliqua-t-il. Il faut que je les amène demain matin à six heures devant la *Kommandantur*...

Il se fit un silence. Pauvres vieux percherons, où allait-on les emmener, ces bons compagnons fidèles ?

Et tout ce dimanche, mon mari fut triste, infiniment triste. Il aimait bien ses chevaux et jamais il n'avait pensé qu'on pourrait les lui voler ainsi, sans qu'il puisse rien dire. Il ne savait pas encore, Pépé, que ses percherons allaient lui sauver la vie...

Le lendemain, à cinq heures et demie, pour ne pas être en retard, il partit avec les quatre bêtes à la *Kommandantur* où on le fit entrer par la porte cochère pour qu'il attachât les chevaux dans le parc...

Il était absent depuis une demi-heure environ lorsque j'entendis dans la rue des bruits de camions et de voitures, suivis d'ordres brefs lancés en allemand. Avant que je pusse me lever de ma chaise, la porte fut ouverte à coups de crosse et des hommes tout vêtus de noir firent irruption dans la pièce. Sans un mot, ils allèrent partout, jusqu'à la cave, et ressortirent comme ils étaient venus, brutalement... Dans toutes les maisons de notre cité, c'était ainsi. Les soldats — on nous apprit plus tard que c'étaient des S.S. — s'ouvraient le passage à coups de botte et ils faisaient sortir tous les hommes, crosses dans les reins, même des très jeunes, d'à peine seize ans. Ils firent de même dans la rue principale, cueillant au hasard ceux qui partaient à leur travail. Ils en groupèrent ainsi vingt et un qui furent emmenés à la sortie de la ville, en direction de Paris. Et là, sur le bord de la route, à peine éveillés, ils furent abattus à coups de rafales de mitraillette...

J'entendis les coups de feu et j'étais folle d'inquiétude pour mon mari et mon fils aussi. Ce dernier, heureusement pour lui, était de nuit à la briqueterie, autrement il y passait aussi. Quant à Pépé, il se préparait à s'en aller, navré de laisser ses chevaux, lorsqu'il entendit le bruit des moteurs et les cris. Et un jeune soldat très blond lui avait dit doucement :

— Vous, pas bouger, monsieur... Vous, attendre ici... Interdit de sortir.

Pendant ce temps, à quelques mètres de là, on raflait les hommes...

Ce massacre laissa longtemps une atmosphère de deuil. Et lorsque les Américains arrivèrent quelques jours après, il y eut chez nous moins de cris de joie, moins d'enthousiasme qu'ailleurs. De nombreuses familles étaient dans la peine. Rien ne pouvait les toucher puisque le mari, le fils ou le frère n'était plus là... C'était le cas dans notre cité où une dizaine d'hommes, jeunes et moins jeunes, avaient été exécutés lâchement, alors qu'ils n'avaient rien fait...

A Mitry, un motard américain fut tué devant la *Kommandantur* par les quelques Allemands qui s'y trouvaient encore et qui furent capturés peu après. Ils sortirent bras en l'air sous les huées et les crachats des habitants qui se vengeaient ainsi comme ils pouvaient de leurs angoisses, de leurs misères... Cependant surgissaient de partout des hommes avec des brassards tricolores, des résistants à ce que l'on disait. Jamais je n'aurais cru qu'il y en eût tant dans notre petite ville...

Le premier travail de certains d'entre eux fut de courir au Café Français pour en sortir, à coups de pied au cul, les filles et leur patronne qui n'avaient pas eu le temps de fuir. Pauvres filles ! Elles furent traînées sur la place de la Mairie, au milieu des quolibets et des gifles, et tondues à ras par des coiffeurs improvisés. Pépé, qui assistait à la scène, en était revenu scandalisé...

— C'est des putains, bien sûr. Et alors ?... Je ne trouve guère courageux pour des hommes de traiter ainsi des femmes, disait-il.

Selon lui, on devait les emprisonner, ces collaboratrices, et les faire passer en jugement. Mais les promener comme ça, toutes nues dans la rue, ça ne se faisait pas...

A l'hôtel de ville, les collaborateurs avaient été groupés, traités eux aussi sans beaucoup de ménagements. Mais ce n'était pas la même chose. C'étaient des hommes et ils n'avaient que ce qu'ils méritaient...

Une que je fus bien contente d'aller regarder quand on l'emmena à Melun pour y être emprisonnée, c'est la femme de Kuppa. Ah ! je ne la plaignais pas, elle, bien qu'elle fût tondue. Il n'était pas possible qu'elle ne fût pas au courant des cochonneries de son mari. Et je pensais à mon patron qu'elle avait dénoncé et à son air triomphant quand elle trônait à son comptoir, sous l'occupation, au milieu des soldats... La cour de justice la condamna à mort. Sans doute avait-on des preuves de ses forfaits. Cela fut une dernière consolation pour ma malheureuse patronne. Elle mourut peu après avoir reçu le télégramme lui annonçant officiellement que son mari était décédé au camp de Dachau pendant l'hiver de 1943...

Quand du temps se fut écoulé après la Libération et que l'on commença de s'inquiéter sérieusement pour la santé de notre fils, il nous arrivait, Pépé et moi, de nous promener sur le terrain de la sucrerie que l'on allait bientôt déblayer complètement. Dix années de notre vie venaient de passer et, autour de nous, ce n'étaient que ruines et deuils. Nous vieillissions tous les deux. Pépé ne m'appelait plus que rarement Marie-Cat. Il préférait comme tout le monde dire « Mémé ». Nos cheveux étaient devenus gris sans qu'on en eût bien conscience. Quand nous pensions à nos parents, il nous semblait que c'était hier qu'ils vivaient avec nous et avant-hier que nous vivions avec eux. Ainsi, bras dessus, bras dessous, nous allions, Pépé et moi, en évoquant des souvenirs passés, des souvenirs heureux et malheureux qui, derrière nous, formaient un cortège. Et souvent mon mari s'arrêtait, me regardait. Puis il disait en souriant :

— Tu sais, Mémé, finalement, ce n'est pas long, une vie…

# Chapitre X

On vécut plusieurs mois dans le ronflement des machines qui, non loin de nos maisons, attaquaient la reconstruction de la sucrerie. C'est l'écurie et un vaste garage qui s'édifièrent les premiers, cependant que les voies ferrées voisines étaient posées et que, sur l'emplacement de la gare à betteraves, on installait un baraquement... Ainsi la vie, çà et là, reprenait...

La compagnie avait racheté la ferme, vendue quelques années auparavant, dans l'espoir sans doute que l'exploitation serait meilleure après la longue pénurie de la guerre. C'étaient des héritiers lointains de mon patron, mort en déportation, qui avaient traité l'affaire, sans trop de discussion, pressés de toucher les sous...

Un nouveau régisseur arriva, tout jeune, qui sortait d'une grande école d'agriculture, un garçon extraordinaire qui prévoyait les récoltes dans son bureau avec des calculs compliqués. Des tracteurs et du matériel moderne furent envoyés. Mais à la grande joie de Pépé, la compagnie amena aussi trois chevaux, trois beaux ardennais, qui arrivèrent un matin dans des vans...

Je continuais mon travail à la cuisine et Pépé, faute

d'occupation à la sucrerie en reconstruction, m'avait rejointe pour entretenir l'écurie. Le régisseur voulait absolument qu'il conduise des tracteurs, mais mon mari ne put jamais s'y mettre. Il avait peur de ces engins. Il aimait mieux ses chevaux avec lesquels il était plus sûr, et le nouveau patron n'insista pas…

Ce dernier était entouré de deux contremaîtres, chargés l'un du bétail, l'autre des récoltes… Les temps avaient bien changé. On mettait trois hommes là où, jadis, il n'en fallait qu'un. Enfin, les ouvriers à l'année ne logeaient plus à la ferme, mais à la ville. Le temps des domestiques était mort. Le régisseur établissait des tours de garde pour le dimanche et, même en période de pleine récolte, ce jour-là on ne travaillait plus. La moisson, les betteraves attendaient…

C'est ainsi qu'on connut nos premières vraies vacances. Trois semaines sans rien faire, à se regarder, Pépé et moi, dans le blanc des yeux. On n'en revenait pas ! Depuis cinquante ans, l'un et l'autre, on travaillait tout le temps, tous les jours, et de s'arrêter, comme cela, ça nous faisait tout drôle. Nous avions reçu de la mairie un bon de réduction pour participer à un séjour d'une semaine en montagne, mais on refusa. On avait peur de partir et de vivre à l'hôtel. Nous n'étions pas habitués. Et puis, la santé d'Auguste nous tracassait. Il s'était arrêté de travailler à la briqueterie où l'on n'avait plus besoin de lui, maintenant que les hommes valides étaient revenus. Il ne reçut qu'une petite pension des assurances sociales pour son bras gauche qui ne marchait plus du tout et dont il souffrait beaucoup. On lui faisait des piqûres sans arrêt, pour le soulager…

Pour tout compliquer, je tombai malade, moi aussi : des douleurs épouvantables qui m'obligèrent à me reposer. Finalement, il fallut m'hospitaliser pour m'opérer de la vésicule. Je croyais ma dernière heure venue, persuadée que j'avais un cancer, et ce pauvre Pépé n'était qu'à demi rassuré. Il fut bien content de me voir rentrer de l'hôpital, délivrée de mes souffrances et en pleine forme…

En 1955, on nous remit un dossier, des questionnaires à remplir pour la retraite à laquelle nous avions droit. Pépé aurait dû s'arrêter deux ans avant, mais il avait préféré continuer pour être avec moi… Et, en 1956, on devint rentiers. On ne touchait pas grand-chose, mais ça nous permettait de vivre...

Ah ! ces premiers jours de retraite, ce ne fut pas rien ! On ne pouvait y croire... Dès l'aube, Pépé était debout et il tourniquait dans la cuisine. Quant à moi, en me réveillant, je sautais d'instinct hors du lit comme je le faisais depuis un demi-siècle. Puis je me souvenais et je me recouchais avec joie dans les draps bien chauds. J'avais le temps. Pourtant, il fallait que je me lève. Pépé venait rôder dans la chambre en me demandant si j'étais malade à faire la grasse matinée comme ça !...

N'y tenant plus, il s'habillait et partait se promener dans ces champs immenses et qu'il connaissait bien, examinant le sol, discutant avec les ouvriers rencontrés dans la plaine. Tous l'estimaient beaucoup, mon Pépé. Il était tellement gentil...

Cette vie de paresse lui pesait. Il y avait bien notre jardin derrière la maison, mais c'était vite fait ; et bientôt, on en fut privés, de celui-là tout au moins. Nous occupions toujours le logement de la compagnie, sans nous poser de questions. Mais une lettre nous arriva de Paris, nous avisant que nous avions un mois pour libérer les lieux et faire de la place aux employés de la nouvelle sucrereie qui ne tarderaient pas à arriver. On nous rappelait que nous étions retraités et que nous n'avions plus droit, désormais, à ce logement de fonction...

J'allai à la mairie de Mitry pour me renseigner. Les maisons à louer étaient rares, mais je savais que l'on construisait une cité, toute une ville neuve près de la commune. Une assistante sociale s'occupa de nous, comme elle l'avait fait pour notre retraite. Je n'étais guère à l'aise pour remplir des papiers et ce pauvre Pépé ne m'était d'aucun secours, ne sachant ni lire ni écrire...

Quelques semaines plus tard, on nous attribua un appartement. Il était temps... A tout instant, on recevait des lettres de la compagnie qui parlait de nous expulser. Le maire de Mitry, un communiste, s'était fâché un jour et il avait fait envoyer un papier à en-tête de la ville à la compagnie. Il écrivait que, lorsque l'on employait les gens depuis un demi-siècle, on n'était pas à un mois près pour les loger encore un peu…

Avec Pépé, on est allés voir l'appartement que nous venions d'obtenir dans la cité nouvelle… Les longs bâtiments de brique et de pierre étaient encore en chantier. On terminait l'aménagement des pelouses et, à l'intérieur, on entendait les derniers coups de marteau des ouvriers finissant l'installation…

Nous étions parmi les tout premiers installés, au rez-de-chaussée à gauche. En entrant dans l'appartement, après le minuscule vestibule, je me crus dans la cuisine et je cherchai la chambre. Mais il n'y en avait pas. C'était ce qu'ils appelaient un studio. La cuisine, elle, était grande comme un placard. En revanche, nous avions une petite salle de bains et le chauffage central…

Je calculai rapidement que nous ne pourrions pas rentrer tous nos meubles là-dedans. Ce n'était pas qu'on en avait beaucoup, mais c'était si petit ! Il fallut donc les vendre en partie. Ce qui me fit de la peine, c'est ma belle cuisinière blanche. Je la vendis pour une bouchée de pain, désespérée de m'en séparer. Pour l'installation, ce fut vite fait. Un tracteur et une remorque envoyés par le jeune régisseur de la ferme, outré de l'attitude de la compagnie, transporta notre lit, une armoire et une table, et on se trouva dans nos murs, désemparés, perdus…

C'est de ce jour que, tous les deux, on fit connaissance avec la gentillesse. Celle de nos voisins. C'étaient tous des gens simples et de situation plus que modeste. Mais, pour la première fois de notre vie, nous n'étions plus seuls. Des mères de famille qui avaient pourtant assez à faire avec leur nichée venaient nous voir. Le premier jour, l'une d'elles nous apporta à dîner, du ragoût de mouton dans une casserole, et le soir, son mari et son fils aîné arrivèrent pour placer nos meubles…

De sentir ces hommes si forts, si gais, autour de nous, ça nous réconforta. On fut moins malheureux en se couchant et le ragoût de mouton était si bon qu'on eut les larmes aux yeux en le mangeant…

Chaque jour, on apprit davantage sur les uns et les autres, vivant là avec des difficultés incessantes d'argent, ne parlant que d'acomptes, d'augmentations, mais oubliant leurs soucis dès que nous étions dans la peine, pour venir nous consoler...

Pour tous, on fut rapidement le Pépé et la Mémé. Nous ne savions comment les remercier de tant d'amabilité. Alors Pépé, qui s'ennuyait, se mit à faire les commissions de l'un et de l'autre. Puis on loua un jardin ouvrier dans un champ proche et mon mari entretint aussi ceux des voisins, pour s'occuper. Quant à moi, j'appris à tricoter avec une amie. Je fabriquais de petits chaussons, des layettes avec la laine que l'on m'apportait. Et la joie des mamans était notre récompense. On se sentait utiles malgré notre âge. Des enfants venaient nous voir et leurs cris étaient pour nous une source de bonheur supplémentaire...

Ainsi, on s'est habitué peu à peu à cet univers des H.L.M. devenu le nôtre. Le spectacle des immeubles qui, de tous côtés, nous bouchaient la vue, nous coûtait moins, bien que, toute notre vie, nous ayons eu sous les yeux l'infini des plaines. Dans notre petit studio, il faisait bien chaud et on n'avait pas le souci d'entretenir le feu. Et puis, il y avait la salle de bains avec, à toute heure, de l'eau chaude. Depuis longtemps, chaque jour, nous avions fait notre toilette dans une cuvette, en procédant par « morceaux » et en jetant l'eau au fur et à mesure. Il fallait avoir la propreté chevillée au corps, ce qui était notre cas, à Pépé et à moi, pour ne pas se laisser aller dans des conditions pareilles. Mais là-dessus, nous étions intransigeants et, partout où nous avons passé, notre premier souci était de nous assurer un coin pour pouvoir nous laver complètement. C'était très vieux, ce besoin. Ça remontait à l'enfance : nos parents nous y avaient accoutumés, à coups de brosse et de savon vert...

Aussi les bains du début furent-ils une vraie bénédiction ! Le premier jour, Pépé était si bien qu'il s'endormit dans la baignoire où je le découvris tout nu, ronflant comme un sonneur, dans l'eau savonneuse...

Notre existence fut douce dès lors. On réussissait même à mettre de l'argent de côté. De son jardin, Pépé, infatigable, tirait des quantités de légumes, à ce point que l'on en donnait aux uns et aux autres, des poireaux, des choux, des carottes et des fines herbes. Il se risqua même à faire des endives, dans le sable du sous-sol, et ce fut un événement dans l'immeuble quand il récolta ces légumes. Mais le gardien lui interdit d'aller plus loin, craignant peut-être de le voir installer une champignonnière.

Nous aurions donc été parfaitement heureux, sans le souci que nous causait notre fils qui déclinait chaque jour au milieu de souffrances intenables. On le soignait, mais sans pouvoir le soulager. Ce fut pour nous un long calvaire que ce fils unique se mourant ainsi, dans l'impuissance générale. Lorsque enfin Dieu le délivra, il avait cinquante-trois ans. J'en avais soixante-treize et je me disais que le monde est bien mal fait lorsqu'il tue ainsi les enfants avant leurs parents... Il mourut un soir, calmé enfin par la morphine qu'on lui administrait à haute dose. Quel chagrin lorsqu'on le mena au cimetière où nous avions fait construire un caveau pour nous trois !... Ma belle-fille, que je n'aimais guère, avait elle aussi bien de la peine, mais nous étions tout à la nôtre, Pépé et moi. En rentrant, nous avons pleuré longtemps, évoquant des souvenirs très anciens, lorsque Auguste, à Avay, commençait à aller à l'école où je le conduisais avec le martinet et qu'il se sauvait en me disant :

— Maman, cache ton martinet... Je ne veux pas que les copains le voient...

Et sa joie à ses débuts, chez Berger, le coiffeur, sa fierté aussi, de ramener quelques sous. Pauvre Auguste qui nous était enlevé ainsi, si jeune...

Il nous sembla, à cette époque, que nous venions de perdre un morceau de notre corps, un bras, une jambe, quelque chose qui était de nous et qui ne cessa plus de nous manquer à tout instant...

Nous eûmes désormais un but de promenade, le cimetière, où nous allions lentement en regardant au passage les tombes des inconnus qui gisaient là. Tous avaient aimé, espéré, lutté, pour finalement pourrir sous une dalle... Tout ça n'était pas très gai et nos soirées se déroulaient silencieuses et tristes dans le petit studio...

Quelques mois plus tard, on eut une surprise. Nos voisins immédiats, ceux qui avaient le cinq-pièces à côté, vinrent sonner à la porte. Lui, avait dans les bras un poste de télévision :

— Tenez, Mémé, c'est pour vous. Nous, on vient d'en

acheter un neuf. Et pour le prix qu'on me reprenait celui-là, je préfère que vous en profitiez, plutôt que d'engraisser le marchand...

J'étais stupéfaite et Pépé aussi lorsqu'il revint. C'est ainsi qu'on eut nous aussi la télé, et notre poste marchait bien. Il contribua beaucoup à nous faire endurer mieux le malheur qui venait de nous frapper. Un dimanche, je fis un beau gâteau et Pépé acheta une bouteille de champagne, une vraie débauche... On invita les voisins. Quelle fête !... Même Pépé, qui ne prenait pas d'alcool, voulut tâter du champagne. Nous n'en avions jamais bu et nous fûmes déçus. Ça ressemblait à de la limonade et par-dessus le marché, ce n'était pas sucré... Mais on se trouvait contents, c'est le principal, et les voisins étaient si gentils !

Lui, il était employé sur les voies à la S.N.C.F., et il ne faut pas être fainéant non plus pour faire un métier pareil. Il nous expliquait que son travail était rude, mais qu'il donnait le sens de la solidarité :

— Quand vous êtes une équipe à soulever les rails, disait-il, il faut que tout le monde prenne sa part. Sinon, même si ça ne se voit pas, les autres ont davantage à porter.

Il ne se plaignait que rarement. Il avait de la chance, estimait-il, une place sûre, une femme courageuse et des gosses qui poussaient bien. Son ambition, c'était de posséder une maison à lui, avec un grand jardin pour que les enfants puissent courir...

Il ne gagnait pas beaucoup d'argent, mais je ne les ai jamais vus manquer de rien. Il est vrai que la femme, malgré ses cinq gosses, trouvait encore le moyen d'aller faire le ménage chez un docteur... Ce qui ne l'empêchait pas de s'occuper du sien et comme il faut, encore... Ils nous aimaient beaucoup et c'était réciproque...

Notre vie se poursuivit ainsi sans histoires, marquée par les promenades au cimetière, les soirées à la télévision. Moi, je tricotais des heures, pendant que Pépé était au jardin ou allait chez l'un et chez l'autre pour faire de menues corvées. Mes petits chaussons de laine avaient du succès. Ma renommée s'étendait dans toute la cité et des mamans venaient me voir. Mais je ne voulais pas qu'on me paye, c'était inutile, on avait assez pour vivre. Aussi, je recevais de petits cadeaux à tout instant, des bibelots, des souvenirs de vacances, et bientôt mon buffet en fut encombré. Ils étaient ma joie...

Il y avait de petites boîtes à musique, des coquillages, de minuscules statues en biscuit, des boîtes à bonbons, un baromètre, des assiettes. J'avais une collection de « souvenirs de... » que mes « clientes » me rapportaient de la mer, de la montagne lorsqu'elles revenaient de vacances. Et aussi des cartes postales en couleurs, qui nous arrivaient les mois d'été au nom de Pépé et Mémé Santerre. Le facteur nous connaissait bien. Il n'avait même pas besoin de lire l'adresse. On savait ainsi où étaient les uns et les autres et on s'amusait à regarder longuement ces paysages, ces villes, que l'on ne connaîtrait jamais...

Aux mois de juillet et d'août, la cité se vidait comme par enchantement. On n'entendait plus d'enfants jouer et les couloirs des immeubles étaient déserts. Notre voisin, le cantonnier de la S.N.C.F., partait avec tout son monde, dans une maison qui appartenait aux chemins de fer en Auvergne et où il passait trois semaines, au grand air. Et les gosses avaient enfin pendant près d'un mois la joie de courir dans la campagne, délivrés de toutes les interdictions qui, dans la cité, pesaient sur eux. Ils sont bien à plaindre, les enfants des H.L.M. Partout, ils ne rencontrent que des panneaux *Défense de*.... Sans cesse, ils sont épiés par les gardiens qui les chassent de là où ils sont... Pourtant, il faut bien jouer à cet âge et ce n'est pas drôle de s'entendre dire à tout instant : « Fichez le camp de là... C'est interdit. »

Presque tous les jours, Pépé allait à son jardin. Il avait acheté une brouette et, de bonne heure, il partait bêcher, sarcler, semer. Quand il avait fini dans son lopin, il passait dans celui des voisins. Il avait toujours à faire et il n'arrêtait pas une minute. Pourtant, depuis quelque temps, il me semblait fatigué, lui qui ne l'avait jamais été...

Un soir, à ma grande stupeur, il refusa de prendre du café... C'était incroyable. Le café tenait une place importante dans notre vie. Nous en buvions dix fois par jour, pour un oui, pour un non, bien chaud, bien sucré. C'était notre régal. Le filtre en émail était sans cesse en attente sur le réchaud à gaz... Et voilà que Pépé en refusait une tasse !

— Je ne sais pas ce que j'ai, mais l'estomac me brûle sans cesse ces jours-ci, me dit-il... Et il ajouta en souriant :

— C'est rien. Ça va passer...

Pour la première fois, je lui fis une infusion : de la menthe, mais dans les semaines qui suivirent, les brûlures continuèrent. On essaya de tout : de la poudre, des cachets, des pastilles, mais il n'y avait rien à faire. Il ressentait, presque sans discontinuer, de curieux chatouillements qui étaient suivis de désagréables impressions de chaleur intense. Etaient-ce ces malaises qui le fatiguaient ? Il allait moins au jardin. Il ne pouvait plus porter son arrosoir sans éprouver immédiatement des sensations brûlantes qui furent suivies bientôt de douleurs...

Lorsque l'on eut essayé tout un arsenal de cachets et de tubes qui restaient inopérants et qu'il se plaignit de souffrir, je commençai à m'inquiéter sérieusement et on appela le médecin. C'était le docteur S. Les voisins me l'avaient conseillé. Il venait tout de suite dès qu'on le demandait, à n'importe quelle heure du jour et de la nuit.

Il examina longuement Pépé, en silence, l'oreille collée tour à tour sur la poitrine, sur le dos, écoutant les yeux fermés ce qui se passait à l'intérieur. Puis, à l'aide de son stéthoscope, il continua l'auscultation, promenant le tube de caoutchouc le long du corps... Ensuite, ce fut la tension. Il ne dit rien. Il n'était pas bavard, le docteur S. Il se contenta de m'assurer que le cœur, les poumons, les réflexes étaient excellents. Il prescrivit un régime sans sel et sans graisse et des comprimés à prendre cinq fois par jour.

Quand Pépé parla de son jardin, il fut formel. Il lui interdit d'y aller :

— Vous êtes solide, monsieur Santerre, mais vous êtes fatigué. Il faut prendre du repos...

Pendant un temps, les brûlures cessèrent, pas complètement sans doute : mon mari ressentait toujours un peu les désagréables chatouillements. En revanche, il ne souffrait plus du tout. C'est ainsi que, timidement, il reprit sa brouette un matin pour aller à son coin de terre, où il se plaisait tant. Mais il ne resta pas parti très longtemps.

— Décidément, me dit-il en revenant, je ne suis plus qu'une vieille carcasse, une vieille bête. Je ne peux même plus soulever l'arrosoir.

Et le mal recommença, de plus en plus intense... Pépé se prenait la poitrine à deux mains quand le fer rouge qui le rongeait à l'intérieur déclenchait une crise qui était suivie invariablement de douleurs vives, qui le taraudaient sur le côté de l'estomac. Alors, on revit le docteur S. En cette fin d'année 1971, il vint trois ou quatre fois par semaine. Il essaya toutes sortes de traitements puis il ordonna une longue série d'examens, prises de sang, radios, etc.

Les médicaments succédaient aux médicaments. Des quantités, en tubes, en bouteilles, en sachets, en boîtes. Ils envahirent le buffet où je les rangeais, à mesure qu'ils se révélaient inefficaces, incapables de soulager mon pauvre Pépé auquel le mal laissait de moins en moins de répit...

Ce fut un combat en plusieurs étapes. D'abord, mon mari renonça à sortir. Dès qu'il avait fait quelques pas dehors, il se voûtait et faisait demi-tour, crispé et douloureux. Puis, les simples va-et-vient dans la pièce lui devinrent même insupportables. Et il s'installa dans le fauteuil Voltaire, un vieux fauteuil qui venait de ses parents chez qui il avait trôné dans la salle commune pendant des années. Les quelques moments de détente qu'il avait eus dans sa vie, Auguste les prenait là en appuyant sa tête sur le haut dossier. C'est dans ce fauteuil qu'il regardait la télévision et que, parfois, il s'endormait...

Vers le mois d'octobre, il ne le quittait plus que péniblement pour aller à notre lit. Puis cela devint impossible. Le moindre mouvement était suivi de douleurs atroces qui lui vrillaient le corps : des centaines d'épingles rougies à blanc semblaient, disait-il, lui traverser la poitrine...

La valse des remèdes continuait. Quand Pépé fut incapable de se lever, le docteur S. prescrivit des piqûres, qu'une infirmière vint faire, d'abord une, puis deux, puis trois, puis quatre fois par jour...

Jusqu'alors, mon mari dormait à peu près bien. Hélas, le sommeil le quitta et ça devint un enfer, ces nuits entrecoupées de cris de souffrance que j'étais impuissante à calmer. Je ne tenais plus debout, marchant et allant comme une somnambule, décoiffée, les yeux rougis, abrutie par la fatigue...

A chaque instant, les voisines venaient. Elles m'aidaient comme elles pouvaient en me ramenant mes commissions. Je n'avais plus le temps de sortir pour aller en courses. Toutes ces femmes étaient prises de peur en voyant mon mari sur son lit. En deux mois, le mal lui avait transformé le visage, le modelant à coups de douleurs aiguës, et les rides se creusaient un peu plus chaque jour...

C'est en décembre, à quelques jours de mes quatre-vingts ans, que le docteur S. renonça à soigner Auguste. Les examens étaient restés muets, sans résultats bien nets, et tous les traitements ordonnés étaient à l'évidence inopérants.

Il s'était intéressé à Pépé, le docteur S., et je crois bien qu'il avait fait une affaire personnelle de sa maladie. La plupart du temps, je m'en rendis compte plus tard, il ne me réclamait même pas d'honoraires, uniquement préoccupé de vaincre le mal à l'aide de sa seule expérience. Mais il dut s'avouer vaincu... désarmé malgré sa science, qui était réelle, et le secours de la pharmacie voisine dont il avait, en vain, fait le tour des rayons, utilisant tout l'arsenal des médicaments possibles et qui, désormais, remplissaient tout le haut du buffet Henri II...

Alors, il parla d'hospitalisation... pour nous deux ! Je n'étais plus que l'ombre de moi-même et comme je ne suis pas épaisse, ce n'était vraiment plus grand-chose. Je me ratatinais, maigrissais, ivre de lassitude, n'ayant que l'idée fixe de dormir, dormir, quand mon Pépé serait à l'abri, protégé par des infirmières. Je pleurais à tout instant devant les souffrances de mon bon compagnon. Parfois, furieuse de ne pouvoir le calmer, je le serrais contre moi. Il me semblait que ça allait le soulager de me sentir ainsi contre lui. Mais c'était pis encore. Ses cris redoublaient et je devais le reposer sur l'oreiller en sanglotant... Le soir, lorsqu'il trouvait un peu de sommeil, je me mettais à genoux et je priais. Je demandais à Dieu de calmer le mal de Pépé, de le chasser de son corps. Nous avions été bons chrétiens toute notre vie et nous n'avions jamais fait de mal à personne. Pourquoi étions-nous ainsi punis ? Je ne comprenais pas... Et, sur la poitrine de Pépé, je tâtais le petit sac de toile où était enfermée une médaille de la Vierge, celle que l'oncle Sulphart m'avait donnée il y a si longtemps et dont j'avais fait cadeau à mon mari le jour de notre mariage. Il me semblait qu'en sentant cette médaille, je pourrais mieux me faire entendre du bon Dieu...

Quel triste jour fut celui de mon anniversaire ! Partout, dans la cité, on préparait Noël. Par les portes-fenêtres des salles de séjour, on voyait briller les lampes multicolores des sapins et dans les couloirs, des gens allaient et venaient, chargés de paquets. Ce n'était qu'un joyeux brouhaha. Notre petit studio était morne et triste. J'avais voilé l'ampoule du plafond, pour que Pépé ne fût pas aveuglé. Le soir du réveillon fut atroce. Le docteur S. était venu vers huit heures et il avait fait à mon mari une piqûre, avec une seringue qu'il avait sortie de sa sacoche... Il m'avait dit doucement :

— C'est mon cadeau de Noël, madame Santerre, le seul que je puisse lui offrir...

Pépé dormait profondément, calmement. Autour de nous, j'entendais des chansons, de la musique, des éclats de télévision. Et je pensais à nos Noëls de naguère, oh ! des Noëls bien simples, les départs dans la nuit à Avesnes... pour nous rendre à la messe, et les retours arrosés de chicorée bien chaude. Ah ! comme j'aurais voulu les retrouver aujourd'hui, ces heures-là ! Chez nos voisins immédiats, le cantonnier de la S.N.C.F., c'était presque le silence. Bien que nos cloisons de salle commune se touchassent, je n'entendais qu'un léger bruit de voix. Et je les aimais encore plus ce soir-là, ces braves gens, qui faisaient taire les enfants, impatients de voir leurs jouets et qui, eux aussi, avaient mis une sourdine à leur joie, pour s'associer à notre détresse...

Pourtant, un instant je perçus un chant, un chant que j'aimais bien. On l'entendait souvent à la radio le soir de Noël et Pépé le fredonnait parfois... Sans doute les voisins avaient-ils légèrement haussé le son de l'appareil et nous envoyaient-ils cet air, en gage d'amitié :

*Belle nuit, douce nuit*
*Tout s'endort, au-dehors*
*Le saint couple, seul veille*
*Sur l'enfant qui sommeille*

*Au ciel l'astre reluit*
*Au ciel l'astre reluit.*

Que Dieu me pardonne, mais cette chanson fut la goutte d'eau qui fit déborder le vase... Toute ma peine remonta d'un seul coup, en bloc ; les misères du passé ; celles d'aujourd'hui... Mon cœur où s'entassait tant de tristesse, où se mêlaient des souvenirs de mes parents, de mon pauvre fils, mon cœur laissa échapper le trop-plein de chagrin qui le gonflait depuis des mois. Et je me mis à pleurer comme, de ma vie, je n'avais encore jamais pleuré, lentement, sans heurts ni sanglots, une intarissable rivière de larmes qui me soulagea finalement.

Avant de m'endormir profondément, près de Pépé qui ronflait, assommé par la piqûre, j'eus le temps encore d'entendre la volée joyeuse des cloches de l'église qui appelaient les fidèles à venir célébrer l'avènement du fils de Dieu... Eh oui, c'était Noël ! Dans tout ça, est-ce que ça compte, deux pauvres vieux, couchés l'un près de l'autre dans l'obscurité ?

Et pendant ce temps, partout éclatait l'allégresse :

*Il est né, le divin enfant...*
*Jouez hautbois, résonnez musettes...*

# Chapitre XI

La sirène de l'ambulance jeta l'émotion dans notre quartier. Elle était devant notre porte, battant pavillon de la Croix-Rouge. En me mettant à la fenêtre, je lus, sur ses flancs blancs : *Hôpital de Meaux. Annexe d'Orgemont*...

Là était mon futur domicile et je ne pouvais certes pas deviner que je ne reviendrais plus dans notre petit studio avec mon Pépé. On l'emmena le 26 décembre sur une civière que portaient deux grands gaillards bien gentils, mais pressés. Tels on était, tels on partit, sans avoir le temps de se retourner. A la hâte, je confiai mes clefs à la voisine. Je perdais la tête... Je fus vêtue de mon manteau noir et, vivement, on nous installa dans la voiture. A travers les plaines de la Brie qui disparaissaient sous le givre, je fis le plus long voyage que j'eusse accompli depuis mon arrivée à Mitry, celui de l'exode excepté. Presque sans arrêt, la sirène à deux tons de l'ambulance retentissait pour avertir de son arrivée à grande vitesse sur le verglas. Et, sur le toit, un cylindre bleu clignotait...

Enfin ce fut Meaux, dont j'aperçus, à travers les vitres embuées par l'intense chaleur qui régnait à l'intérieur du compartiment, la haute tour carrée de la cathédrale...

Alors que nous descendions vers la ville, brusquement la voiture tourna à gauche, en dérapant... Un raidillon, une barrière qui se leva immédiatement à notre arrivée et je vis les bâtiments aux toits tout blancs de gel, entourés d'immenses pelouses et d'arbres à cette heure dégarnis. De cet ensemble se dégageait une impression de calme et de sécurité et, instinctivement, je devinai que nous serions bien soignés ici. L'ambulance continuait son voyage incertain sur le verglas et elle s'immobilisa devant un long pavillon de brique jaune et de pierre aux immenses portes tout en vitres. Une plaque indiquait :

*Médecine générale. Service de M. le docteur Happert.*

C'est ainsi que je vis pour la première fois le nom de celui qui devint rapidement mon ami et auquel je porte une admiration sans bornes. Je fis sa connaissance presque tout de suite. Très fort, très rassurant dans sa blouse blanche. Et son visage surtout me frappa, un visage d'une infinie bonté où les yeux, la plupart du temps, riaient derrière les lunettes...

— Allons, Mémé, me dit-il en me pressant doucement l'épaule, ne vous en faites pas ; on va bien le soigner, votre mari. Et il ajouta : — Mais vous aussi, vous avez besoin d'être remontée. Vous ne tenez plus debout...

Dans le grand hall au sol de mosaïque, garni de larges fauteuils et orné de plantes vertes, je fus prise en charge par une infirmière qui m'emmena du côté droit, celui des femmes, cependant que les ambulanciers disparaissaient à gauche, avec Pépé sur la civière... Nous allions par un couloir très lumineux et très long. Les peintures étaient gaies et chaque chambre portait un numéro métallique. Çà et là, des femmes en blouse s'agitaient, traînant de petits chariots chargés de flacons et de cuvettes métalliques...

C'était l'heure des soins et des médicaments... On m'installa dans une chambre à deux lits, très spacieuse, dont les hautes fenêtres donnaient sur le jardin... L'autre occupante dormait profondément et mon arrivée ne la troubla guère. On ne fit connaissance que deux heures plus tard, lorsqu'elle se fut réveillée.

On m'avait couchée et je me mis à attendre. Quoi ? Je n'en savais rien, mais c'est ainsi. A l'hôpital, on attend toujours quelque chose : le médecin, une visite, son café, son déjeuner, sa piqûre. On ne fait que cela et on en prend vite l'habitude : c'est instinctif. Dans cet univers sonore et silencieux à la fois, au milieu des odeurs qui, dans la journée, se succèdent plus ou moins agréablement, allant du parfum de la savonnette à la forte senteur de l'éther, en passant par les fumets des plats aux heures de repas, on est sans cesse sur le qui-vive. Le passage des soignantes avec leur arsenal d'éponges et de bassins, celui des infirmières porteuses d'un plateau à médicaments, est un événement.

Mais pour tous, le grand moment de la journée, c'est l'arrivée du médecin et de son escorte d'hommes et de femmes en blanc. On croit toujours que l'on va savoir la vérité sur sa santé, sur son traitement, sur le jour de la sortie. On ne sait jamais rien ! Ce monde part, comme il arrive, dans un brouhaha de voix et de questions que posent les internes. « Monsieur, de quoi s'agit-il ? » Et la réponse du patron se perd dans la promenade du couloir. Entend-on quelque chose que l'on n'y comprend rien. Ce sont des mots savants, hermétiques...

Aussi, j'ai rapidement été résignée à n'éprouver aucune curiosité sur mon sort. En revanche, ce qui m'inquiétait, c'était Pépé. On me l'avait pris, emmené et, pour la première fois depuis bien longtemps, nous étions séparés. Cela ne nous était pas arrivé depuis le début de notre mariage, lorsqu'il partait « en campagne »...

Je l'imaginais tout seul, sur son lit, sans personne pour veiller sur lui, pour le soulager... Aussi la venue du cortège médical arrivant dans un grand bruit de voix me rassura-t-elle vivement. J'allai enfin être renseignée...

Selon la bonne tradition, j'en fus pour mes frais. En revanche, la présence réconfortante du docteur Happert, penché sur moi, me fut d'un grand secours. Il m'ausculta longuement, cependant qu'autour de lui, on s'était enfin tu.

— Tout va bien, me dit-il joyeusement. Il faut vous reposer et reprendre des forces pour pouvoir aller rendre visite à votre mari, à côté.

Il me sembla alors que sa voix devenait plus grave et son air plus embarrassé. Je l'interrogeai avidement :

— Qu'est-ce qu'il a, docteur ? Dites-le-moi, je vous en prie...

— Ne vous inquiétez pas. On lui fait des examens. On va voir et on va lui donner des soins. Mais ce sera long, très long. Il faut vous armer de patience et aussi de courage...

Ce disant, il remontait doucement ma couverture et me tapotait les joues... Puis le bon docteur disparut dans son cortège d'interrogations et de réponses. Je restai seule avec la voisine qui dormait toujours. On ne l'avait pas réveillée...

Après le déjeuner, je tombai dans une véritable léthargie. Mes nerfs se relâchaient, et sans doute m'avait-on donné une drogue. Dès la dernière bouchée, je retombai sur l'oreiller, assommée. Lorsque je repris conscience, il faisait noir. Seule une ampoule bleue brillait dans son globe. Dans le silence profond de la chambre, je perçus cependant des gémissements suivis de bruits de pas, quelqu'un qui galopait dans les couloirs.

N'ayant pas encore pleine idée de l'endroit où je me trouvais, je pensai à Pépé. Je crus que c'était lui qui se plaignait ainsi à côté et je m'éveillai complètement. Le calme était revenu... J'avais le cœur gros de ne pas avoir mon mari avec moi. Dormait-il à cette heure et est-ce qu'il souffrait, comme toutes les autres nuits ? Ainsi, dans l'ignorance, il me venait des doutes, des inquiétudes... J'étais mal à l'aise, dans cette pièce étrangère où je croyais être abandonnée de tous. Il me semblait que j'entendais Pépé crier et m'appeler à son secours. J'étais en sueur, il faisait très chaud dans la chambre. Dans la pâle lueur du globe, je repérai une bouteille d'Evian et un verre sur ma table de chevet. Je bus avidement. Ça me fit du bien. Puis l'imagination se remit en branle et, à nouveau, je retrouvai Pépé et ses cris de souffrance. Puis je crus qu'Auguste, mon fils, était près de moi, me serrant le bras tendrement en me disant : « Ne t'inquiète pas, maman, je veille sur vous deux. Vous ne craignez rien... »

C'est en cette compagnie irréelle, fantomatique, que je me rendormis cette fois jusqu'au matin, profondément...

Je fus tirée de mon sommeil, de bonne heure, par les chariots roulant dans les couloirs. Partout sur leur passage, on entendait des bruits de toux, de voix, des plaintes aussi, tout le réveil pénible et douloureux des corps souffrants qui gisaient là et auxquels la nuit venait de laisser quelques heures d'oubli, achetées à coups de piqûres et de somnifères...

A côté de moi, ma voisine avait les yeux ouverts. Mais elle ne parlait pas, semblant ne pas me voir. J'étais effrayée par cette fixité étrange du regard, vide et lointain... Je me levai pour la toilette. Il était tôt encore et dehors, un jour louche commençait à poindre, rehaussé des grandes taches blanches que formaient les pelouses gelées. Pendant ce temps, les soignantes s'occupaient de ma voisine, changeaient les draps dans une odeur aigre et chaude. Elles le faisaient avec une rapidité incroyable, remuant le corps sans un geste de trop, le manœuvrant comme une poupée, mais sans brutalité aucune, avec une sûreté de manœuvre qui prouvait une grande expérience. Mon lit à moi avait été retapé. J'étais lavée et frottée à l'eau de Cologne. Je me sentais beaucoup mieux, reposée, bien que toujours anxieuse de Pépé...

Je me recouchai et me remis à attendre. Vers huit heures, ce fut l'arrivée des petites voitures, dans l'entrechoquement des brocs de lait et de café. Ah ! il me parut bon, ce bol, bien chaud, bien sucré, avec des biscottes beurrées à point et que la soignante me servit avec un gentil sourire : « Tenez, grand-mère, ça va vous faire du bien. »

Si ça me fit du bien, je comprends ! Enhardie par la gentillesse de cette jeune femme, je me renseignai sur le sort de Pépé. Mais elle ne savait pas. Les hommes étaient loin, de l'autre côté du hall, et le personnel n'était pas le même...

Pourtant une infirmière, venue un peu plus tard, me donna des nouvelles. Mon mari avait bien dormi sans aucun à-coup. On allait commencer ce matin à lui faire des examens. Il était dans une chambre à deux lits avec un homme plus jeune que lui, que l'on soignait pour les nerfs...

Cela me rassura un peu. Je décidai de me lever pour aller à la fenêtre. On me l'avait permis. Ma voisine s'était rendormie profondément et elle gisait sur son lit, comme morte. Dehors, il devait faire un froid terrible. On voyait passer des gens emmitouflés qui se hâtaient vers la chaleur des bâtiments... J'étais là lorsque, d'un seul coup, sans aucun avertissement préalable, je sentis un étourdissement et je m'écroulai inanimée...

On me dit plus tard que j'avais fait une syncope et je dus rester au lit plusieurs jours. Quand je repris connaissance, on m'avait changée de chambre. Le lit voisin du mien était vide...

Les infirmières, les soignantes étaient toutes très gentilles. Rapidement, elles m'avaient baptisée « petite Mémé ». Le docteur Happert m'appelait ainsi lui aussi. Mais certains jours, lorsqu'il me voyait triste, il m'égayait en me disant « ma chérie » ou « ma belle princesse... ».

Dès que je me sentis mieux et que je pus circuler un peu dans les couloirs, je demandai l'autorisation d'aller voir Pépé, qui était si près et que je n'avais pas pu rencontrer encore. On me donnait de ses nouvelles tous les jours. Il allait plutôt mieux. Le traitement qu'il subissait depuis son arrivée améliorait beaucoup son état, m'avait-on dit.

Tous les après-midi, je me rendais à sa chambre, une chambre comme la mienne. Je crois qu'il souffrait moins. Son visage était plus reposé mais, en revanche, je le trouvais jaune. J'étais si heureuse de le savoir mieux ! Nous restions comme cela des heures, tous les deux, main dans la main, sans parler trop, pour ne pas le fatiguer. On le surveillait sans cesse et, à tout instant, c'étaient des médicaments à avaler et la sacro-sainte température qu'il fallait prendre. A l'hôpital, le thermomètre, c'est le général en chef, celui qui, le matin et le soir, inscrit l'ordre du jour de votre état de santé sur la feuille graduée placée au pied de votre lit... C'est là qu'avant toute chose, le docteur regarde. Avec la courbe de température, il y a aussi le détail de ce que l'on prend et des examens subis...

Je restais avec Pépé jusqu'à cinq heures environ. Puis je revenais à ma chambre pour le dîner et on m'avait autorisée à retourner le voir quelques instants avant d'aller au lit...

Un jour, j'eus la grande joie de le trouver assis dans un fauteuil. Son état continuait à s'améliorer, sauf la teinte de la peau. Et nous commencions à nous rassurer, reparlant comme une certitude de notre retour à Mitry, quand il serait guéri...

Peu à peu, je faisais la connaissance du personnel de l'hôpital et de mes voisines des chambres proches. De temps en temps, on faisait une petite causette chez l'une ou chez l'autre, mais pas longtemps. La surveillante générale ne tolérait pas cela. Ça gênait le service...

Il y avait aussi une grande salle où l'on pouvait se réunir pour tricoter, pour lire et bavarder. Certaines, le soir, regardaient la télévision. Je n'aimais pas trop y aller... C'étaient des papotages à n'en plus finir et les femmes n'arrêtaient pas de parler de leur maladie, ce qui me mettait mal à l'aise. Elles ne sortaient pas de là, c'était plus fort qu'elles. Elles en revenaient toujours à leur traitement, à leur opération...

Au bout d'un moment, mes oreilles bourdonnaient, au milieu des bribes de phrases qui me parvenaient, puisque toutes parlaient en même temps, sans trop se préoccuper de ce que disait la voisine :

— Alors, le docteur m'a dit qu'il me faudrait un brûlage.

— Avec une pareille famille, ce n'est pas étonnant, ma pauvre petite, que vous ayez fait cette dépression...

— On doit me faire une « totale » le mois prochain. J'ai déjà six gosses. Il n'en faut plus...

— J'ai eu jusqu'à trois perfusions par jour.

— Je suis tombée raide, le nez dans l'évier, et je me suis cassé deux dents.

Ainsi, toutes jacassaient comme cela... Seul le moment du dîner dispersait tout le monde. Les chariots, avec leur contenu fumant, donnaient le signal de la course vers les chambres...

Au milieu de ces conversations, le prénom des maris revenait souvent avec insistance. Et des commentaires plus ou moins flatteurs, selon l'atmosphère du ménage...

— C'est un bon travailleur ; mais alors, à la maison, il ne fait rien.

— Il s'en fout, du moment que le repas est prêt, quand il rentre.

— Ah ça, je ne peux pas me plaindre. Il s'occupe de bien des choses. Heureusement !...

— Il ne cesse de demander au docteur quand est-ce que je vais revenir. Ça doit être du propre, la maison !

Ainsi, chacune dans ses évocations laissait transparaître ses inquiétudes.

Il y en avait qui étaient malignes. Elles étaient en pleine forme mais, dès que l'époux venait à la visite, elles se mettaient à geindre. Quelques-unes même, raffinaient et se couchaient…

Ces pauvres maris !… Ils arrivaient tout gauches avec un bouquet de fleurs ou bien des oranges, des gâteaux secs, des bonbons, embarrassés par leurs paquets. Et ils donnaient des informations sur la famille, sur la maison :

— Oui, oh ça sûrement, je me débrouille ! mais je voudrais tout de même que tu rentres bientôt.

— Non, non, ne t'inquiète pas. Ça va. Mais tu sais, Nénette, elle a cassé une tasse de notre beau service, à fleurs dorées…

— C'est rigolo, ça ! J'ai essayé de faire des crêpes hier soir. J'ai jamais été foutu de trouver la farine…

— Faudrait tout de même voir à rentrer. C'est pas pour moi, mais c'est les gosses qui s'ennuient…

— Mais non, mais non… Te tracasse pas, on se débrouille comme on peut…

Et ils repartaient, ayant fait leurs observations, soucieux de n'avoir rien oublié et toujours avec l'idée fixe de connaître la date de sortie de leur épouse… Le monde de l'hôpital est étrange. Celui ou celle qui se trouve entre ses murs perd vite la notion de l'importance de la vie extérieure. Tout se rapporte à lui, à sa santé, à son traitement, à l'histoire de la voisine…

J'en ai vu passer au cours de mon séjour et de toutes les sortes…

Il y a les gentilles qui ne disent rien, les seules qui ne pensent guère à elles… Les difficiles qui chipotent dans le plateau et qui, entre les repas, se goinfrent de gâteaux secs et de chocolat… Les inquiètes qui scrutent sans cesse le tableau de leur lit et qui sont persuadées d'avoir un cancer… Les comédiennes qui viennent là pour se reposer et qui cherchent à égarer le médecin… Les curieuses qui ne s'intéressent qu'à leurs voisines auxquelles elles tirent sans cesse les vers du nez… Les savantes qui savent ce qu'elles ont, mieux que le docteur lui-même et qui discutent les remèdes...

Comme je n'avais, moi, jamais rien à raconter, toutes me prirent rapidement comme confidente. C'était un vrai défilé dans ma chambre. Les infirmières elles-mêmes finissaient par me parler de leurs propres peines et de leurs petites histoires de cœur...

— Allez voir Mémé Santerre, disait-on. Elle est toujours gaie. Elle va vous remonter le moral...

Au milieu de tout ce petit monde quotidien, les événements étaient souvent les arrivées, les sorties. On faisait sa valise la veille et le mari arrivait pour chercher l'épouse tant attendue qu'il emmenait avec des luxes de précautions, venant de mesurer exactement pendant des jours, parfois des semaines, ce qu'elle représentait dans la maison.

D'autres amenaient leur femme, l'air angoissé, perdus de la laisser là toute seule, n'en finissant plus de s'en aller après l'installation et la consolant le plus souvent par cette phrase : « T'en fais pas, je reviendrai demain », entendant par là que leur présence arrangeait tout, ce qui n'était pas, hélas, toujours le cas...

Tous les après-midi, j'allais voir Pépé et, sur mon passage, on me hélait gentiment pour prendre des nouvelles en m'offrant un bonbon. J'étais chez moi désormais dans les larges couloirs. Je traversais le hall à la façade tout en verre pour gagner ensuite le service des hommes. Là, je retrouvais mon mari. On se disait quelques mots... Mais le plus souvent, nous étions silencieux. Nous pensions l'un et l'autre à notre passé et ce qui nous coûtait le plus, c'était notre appartement que nous avions laissé.

Quelques jours après notre arrivée, j'avais eu la visite de nos voisins. Ils nous apportaient du linge, des gâteaux secs, des confiseries. Tout allait bien dans le logement que la jeune femme avait nettoyé de fond en comble. Ça me rassura. Parmi ce qu'on m'avait ramené, je vis avec plaisir le bonnet de laine de Pépé. Je l'avais complètement oublié en partant et ça me tracassait. Il ne dormait jamais sans ce bonnet qui lui tenait chaud à la tête. Je le lui portai le jour même et dès lors, il ne le quitta plus...

Me sentant mieux, moi aussi, je fis acheter de la laine par

une soignante, de la laine blanche, avec laquelle je tricotais de petits chaussons. J'en faisais cadeau à celles qui avaient des bébés et ils eurent le même succès qu'à Mitry. On venait me complimenter et admirer ma fabrication... Bientôt, je ne pus suffire à la demande... Je tricotais, je tricotais, heureuse de me rendre utile au milieu de la vie plate de l'hôpital et des bavardages des unes et des autres...

Le vent des commérages allait bon train d'une chambre à l'autre et, le soir, les femmes qui voulaient voir la télévision étaient bien à plaindre. Ça parlotait sans arrêt à mi-voix et ça mettait en colère celles qui suivaient l'émission. Elles disaient aux bavardes d'aller ailleurs. Alors, le caquetage se calmait pendant cinq minutes, mais ça recommençait. Ou bien encore, c'étaient celles qui, ayant vu le film, racontaient la fin. Et on les injuriait. Moi, je préférais rester dans ma chambre, habituée d'ailleurs à me coucher de bonne heure. Surtout qu'on était réveillées tôt, pour la température et le ménage. Ensuite, on attendait le café qui n'arrivait que vers huit heures...

Ainsi était faite notre vie quotidienne et, bien qu'elle ne fût pas très normale, on s'y habituait, Pépé et moi. Mais ça ne dura pas longtemps. Après un répit de quelques semaines, mon mari se remit à souffrir. Il n'était pas resté trois fois dans son fauteuil... Ce qui me semblait curieux, c'était son teint, qui devenait de plus en plus jaune. On continuait à lui faire des examens et, plusieurs fois, on l'emmena sur une civière pour le passer à la radio...

On ne me donnait que peu de renseignements sur la cause de son mal. Le docteur Happert restait évasif et je finis par croire que Pépé avait la jaunisse, tellement sa peau se colorait. C'était incroyable ! Lorsque j'allais le voir, la plupart du temps il dormait. Lorsqu'il se réveillait, il ne semblait pas avoir conscience de l'endroit où il se trouvait et se remettait à souffrir. Quelle tristesse de le voir ainsi sur son lit, décharné, ravagé ! Dans tout cela, il ne lui restait que ses yeux, ses yeux bleus, lumineux, intacts, en ce combat qui le déformait...

Puis son état s'améliora à nouveau. Depuis quelque temps, on lui faisait plusieurs fois par jour des piqûres intraveineuses — un traitement de choc que l'on essayait, me dit l'infirmière…

Et je crus bien à la guérison, le mal enfin vaincu, terrassé par le remède qu'on lui glissait dans les veines. En un mois, Pépé retrouva l'appétit et surtout sa peau fut moins jaune. Le matin, le midi et le soir, j'étais près de lui, grâce à la gentillesse du personnel, parce que tout ça n'était pas très réglementaire, je m'en rendais bien compte. On me laissait aller et venir, quasiment à ma guise. Mais je n'en abusais pas, il est vrai, ne voulant déranger personne…

Ainsi les mois passèrent, très longs et très courts à la fois. Moi, j'allais mieux aussi, parfaitement reposée et rétablie. Cependant, quand je parlais de partir, le docteur me disait qu'il me fallait rester encore un peu pour me remettre complètement. Je ne compris pas du tout, à cette époque, qu'il avait le souci de ne pas m'éloigner de l'hôpital. Il attendait ce que, moi, je ne craignais pas du tout, complètement rassurée sur le sort de mon mari…

A cette époque, j'eus une nouvelle voisine de chambre, Margot, une jeune femme très douce que l'on soignait pour les nerfs et avec laquelle, tout de suite, je fus amie. Elle non plus n'aimait pas les cancans des autres malades et souvent, nous restions dans notre chambre pour être tranquilles. Je tricotais, elle lisait. Parfois, je lui racontais ma vie et elle finit par s'intéresser à Pépé. Je lui donnais des nouvelles tous les jours. Et ça me fit du bien, la présence près de moi de cette jeune femme attentive qui parlait peu, écoutait beaucoup et trouvait toujours les mots qu'il fallait pour me consoler quand ça n'allait pas chez mon mari…

Le 19 septembre, Auguste prit ses quatre-vingt-quatre ans. Je lui portai quelques fleurs et une petite tarte, mais il ne put la manger. Il se sentait moins bien… Dès lors, ce fut la rechute définitive, l'ultime combat de ce pauvre homme qui n'en pouvait plus de souffrir et qui, dans ses dernières semaines, ne fut plus que l'ombre de lui-même. Et enfin j'appris la vérité. Le mot terrible sonna un jour à mes oreilles comme un glas funèbre, détruisant mes ultimes illusions : Pépé avait un cancer du pancréas !

Le docteur m'expliqua que tout avait été tenté, sauf l'opération refusée par le chirurgien en raison de l'âge de mon mari et de son très mauvais état général… Soixante-deux examens de laboratoire et dix radios furent pratiqués pour tenter de bien fixer le mal, de le cerner et peut-être de l'abattre, mais en vain. Aucun traitement n'était envisagé en dehors de la morphine. C'est alors que, jouant le tout pour le tout, le médecin avait prescrit de la cortisone, en piqûres intraveineuses à hautes doses... A ce moment-là, Pépé avait été mieux et il s'était remis à manger presque normalement, ne souffrant quasiment plus. Il dut à ce traitement un répit de plusieurs mois, avant que l'affreux mal ne reprenne le dessus, continuant ses ravages à l'intérieur du corps, lentement, inexorablement... Cette fois, mon mari se recoucha pour ne plus se relever, vaincu par son cancer. Et ainsi, chaque jour, j'allais m'asseoir près de lui. J'allais vivre son agonie. Oh, elle fut douce. Régulièrement, on lui faisait des piqûres pour l'empêcher de souffrir. Je restais des heures à le contempler, mon pauvre homme. Il me paraissait impossible qu'il en fût arrivé là. Etait-ce bien lui, ce grand gaillard si joyeux que j'entendais autour de moi depuis des années ?

Tandis que je lui tenais la main, sa voix résonnait à mes oreilles :

— Alors, Marie-Catherine, comment ça va chez vous ?

— Je suis bien content, tu sais, Marie-Cat, que tu m'aies fait un garçon.

— Tu n'es pas trop fatiguée, au moins ?

Et sur ces phrases banales défilaient des scènes de notre vie passée, toutes chaudes de la présence et de la tendresse dont il m'avait entourée, comme dans de la ouate... Je le regardais, gisant sur son lit, si amaigri que les traits semblaient s'effacer, échappant un peu plus tous les jours à ma mémoire. Il respirait fort, avec une espèce de petit râle continu, insupportable. Je sentais bien qu'il n'était déjà plus à moi. A chaque minute, il s'éloignait davantage. Je savais que j'allais le perdre...

Le 29 octobre 1973, dans la soirée, alors que je venais de le quitter, on vint me chercher :

— Venez vite ! Il n'est pas bien du tout, pépère.

Alors, je sus qu'il était mort. Et, soutenue par l'infirmière, je trottai jusqu'à sa chambre. Le docteur Happert était là. Il caressa ma joue, dans un geste de grande douceur, et il disparut avec son personnel. Je restai seule en face de mon mari. Le petit sac de toile où se trouvait la médaille de la Vierge sortait de la chemise. On le lui avait mis dans ses mains jointes. Une paix extraordinaire était descendue sur le visage, un soulagement tel de l'intolérable souffrance disparue, que les traits avaient rajeuni. Il était comme transfiguré…

Alors, je me mis à prier et à pleurer. C'est bien souvent que l'un ne va pas sans l'autre, je m'en suis aperçue tout au long de ma vie… Je restai ainsi des heures, auprès de mon Pépé, avant que, très tard, une infirmière ne vienne me chercher pour me mettre au lit avec un somnifère. Margot était là. C'est la dernière personne que j'aperçus penchée sur moi au moment de sombrer dans le sommeil. J'étais veuve.

# Chapitre XII

— Venez vous mettre à la fenêtre, Mémé, vous allez « le » voir passer...

Margot m'amène près de la baie vitrée. Elle me serre contre elle. Dans le jardin, les feuilles mortes s'accumulent avant d'être happées par le vent et de tourbillonner çà et là. Nous attendons en silence.

Enfin, la longue voiture noire débouche de l'allée. Pépé va faire son dernier voyage, et ce qui augmente encore ma peine, c'est qu'il va le faire seul. J'ai voulu qu'on lui mette son beau costume des dimanches et je l'ai vu installer dans le cercueil. Mais cela m'a causé un tel choc qu'on m'a interdit d'aller dans la voiture jusqu'à Mitry. Il part donc, mon pauvre ami, rejoindre son fils dans notre caveau. Tout ce que j'ai de plus cher me quitte et je suis le corbillard jusqu'à ce qu'il soit avalé par la descente. Je n'en puis plus de pleurer. Toutes mes larmes sont parties ce matin au réveil... Mais je continue de frotter mes yeux...

Heureusement que Margot est avec moi. Je la sens là, douce et attentive. Elle sait me dire les mots qu'il faut, navrée de ce malheur qui m'atteint sans y pouvoir rien faire. Elle me couche et tente de me consoler comme elle peut. Et cette présence me fait du bien, cependant que, par l'imagination, je suis Pépé jusqu'au cimetière où l'on va le descendre pour toujours près d'Auguste... Si seulement ce pouvait être mon tour rapidement !... Qu'est-ce que je vais devenir, sans lui, après soixante-quatre ans vécus ensemble, l'un avec l'autre, sans que jamais rien ne nous ait séparés, pas même une discussion ?

Le docteur Happert me surveille de près. Il vient plusieurs fois par jour, en dehors de sa visite en cortège, tout seul. Et il essaie de me remonter le moral, rudement, en médecin habitué à côtoyer la mort chaque jour...

— Il faut penser à toi, ma petite chérie, maintenant. On va te retaper : vite fait, en moins de deux !...

Et il repart, laissant derrière lui un grand souffle d'optimisme. Quand ai-je recommencé à sourire à ses plaisanteries ? Je ne m'en souviens pas et, au début, j'eus un peu honte. Mais c'était plus fort que moi : avec cet homme si fort, si joyeux, on ne pouvait se laisser aller à sa tristesse...

Tant qu'il fut ainsi près de moi et Margot aussi qui repartit quelques semaines après le décès de mon mari, je supportai ma peine à moitié. Je me remettais et je crus alors être assez forte pour regagner Mitry et mon petit appartement.

Le docteur Happert s'y trompa lui aussi, ou tout au moins je le pensai. Il me laissa partir après un dernier examen. La tension était bonne et je me sentais beaucoup mieux...

Je partis après Noël, un Noël bien triste et sans signification. Un Noël de veuve et d'hôpital, qu'y a-t-il de plus affreux ?

L'ambulance me reconduisit chez moi et sa sirène alerta le quartier. Je fus entourée tout de suite. On m'installa dans l'appartement où tout était impeccable, frotté par ma gentille voisine. Puis je restai seule dans mon petit studio... Pour la première fois alors, je mesurai l'étendue de mon malheur. Tout dans la pièce me rappelait Pépé et notre vie si étroitement commune et de toutes les minutes. Depuis bien des années, nous ne nous étions pas quittés un instant. Il était près de moi et j'étais près de lui. Il me semblait impossible qu'il en soit autrement aujourd'hui et demain...

A chaque instant, je croyais qu'il allait rentrer à la

maison. Il était au jardin ou bien parti faire des emplettes. Et mon cœur se gonflait de joie dans l'attente de ce retour. Puis la vérité apparaissait, brutale, et je me mettais à pleurer. Assise sur une chaise, je faisais du regard le tour de notre logement. Mes yeux s'arrêtaient sur la télévision à cette heure débranchée et muette, qu'il aimait tant, sur le buffet Henri II qu'il vernissait chaque année au printemps, sur le fauteuil Voltaire où il passait ses moments de détente, sur tous les minuscules témoins de sa présence encore réelle, ses chaussons, ses vêtements, son couteau de poche, jusqu'à son appareil dentaire laissé là, lors de notre départ précipité pour l'hôpital...

Le lendemain de mon retour à Mitry, je demandai que l'on m'emmène au cimetière. Quelle expédition ! Je pouvais à peine marcher et il fallut me soutenir jusqu'à sa tombe. J'en attendais quelque réconfort, de cette visite, mais ce fut pis encore. Le savoir si près, là sous la terre, fut un déchirement dernier. Puisqu'il ne pouvait me rejoindre, le mieux n'était-il pas que j'aille le retrouver ? A quoi bon vivre dans de pareilles conditions ! J'aurais été contente de mourir tout de suite, pendant que j'étais près du caveau, et qu'on m'y fourre immédiatement, sans cérémonie, sans histoire... J'eus bien du mal à quitter la pierre grise à grosse croix, où mes deux hommes reposaient...

Et revenue chez moi, je passai une soirée abominable. Je ne pouvais trouver le sommeil. Sans cesse, des images défilaient devant mes yeux, certaines très anciennes, d'autres très récentes...

J'étais adolescente et je refusais de faire couple avec Auguste, je n'en voulais pas comme parrain... Il ne me plaisait pas. Puis je le voyais sur le talus à Avesnes, me tenant la main. Tout à coup, il disparaissait pour partir « en campagne » et, sans transition, je le sentais à mes côtés dans le lit, n'osant pas remuer à cause de mes parents qui dormaient en dessous. Puis nous étions tous les trois avec Auguste, notre fils, qui le rasait et lui coupait les cheveux...

Ensuite, nous dormions dans notre maison d'Avay et on entendait le tocsin et j'apercevais mon mari grimpé sur l'échelle dans la ferme en feu. Et c'était le départ en Bretagne que je mélangeais avec celui de l'exode, le bombardement de la sucrerie ; Pépé courait avec ses chevaux pour les mettre à l'abri…

Il me semblait voir le film de ma vie, mais un film curieux, mal ajusté, dont on aurait mélangé les scènes qui se succédaient sans discontinuer et me réveillaient quand je commençais à sommeiller. Je dormais mal, sans cesse remuée par ce cinéma infernal qui me tirait de mon engourdissement…

Cela dura des jours et des jours. Je n'avais plus bien la notion du temps. Je n'avais même pas le goût de manger — ni le besoin d'ailleurs —, dans ce malaise incessant. Ma voisine venait, mais je la devinais davantage que je n'avais conscience de sa présence. Je trouvais sur ma table des aliments que je touchais à peine, des infusions que je ne buvais pas. Je ne ressentais rien, sinon le désir de penser tout le temps à mon Pépé, avec l'idée fixe que ça allait le faire revenir près de moi…

Je ne sais plus très bien comment je me levais pour aller et venir dans le studio, à quel moment je faisais ma toilette, si je restais couchée, si j'étais assise, si j'allais ou non dehors… Les bruits de l'extérieur m'arrivaient dans une espèce de lointain appel, comme si mes oreilles étaient enfermées dans de la ouate… En revanche, j'entendais très distinctement mon mari et mon fils me parler pour me rassurer… Ceux qui venaient me voir étaient entourés d'un halo grisâtre, alors que Pépé, dans son fauteuil, était bien là. C'était lui qui était présent et non les autres. J'entendais des murmures, je percevais des mouvements autour de moi, comme dans un rêve étrange et malsain…

Vint un moment où je ne pleurai plus. Je me trouvais bien dans ce climat mystérieux. Je ne souffrais pas, je n'avais pas faim, je n'avais ni chaud ni froid, ne sachant plus très bien où j'étais. N'était-ce pas mon père que je voyais aller et venir ? Et j'étais sûre que la femme assise là-bas, dans le coin, c'était ma mère qui préparait des trames. Puis le régisseur de la ferme Saint-Martin entrait pour m'apporter de l'argent : « Le compte y est, madame Santerre, vous avez bien travaillé. » Mon beau-frère Paul arrivait à son tour avec Alfred, son fils. Ils m'apportaient des dragées de baptême. Puis Auguste, mon mari, s'inclinait devant moi, en costume de marié, et m'emmenait visiter la sucrerie d'Avay où le coiffeur, Berger, avait installé son salon. Il se servait de la vapeur de la machine pour les serviettes chaudes des clients...

Puis c'était mon mariage dans la petite église d'Avesnes... Mais le curé avait le visage de l'instituteur-secrétaire de mairie et je voyais le crâne ensanglanté de mon fils, qui avait reçu un chapelet de bombes...

La dernière scène dont je me souvienne, c'est celle d'un combat, une bagarre épouvantable entre mon mari et un animal étrange, sans tête ni jambes, qui le mordait au ventre et qui commençait à l'avaler lentement par petits morceaux, pendant que Pépé hurlait, hurlait... Ses cris devinrent tels que je crus que mon cerveau allait éclater et je perdis connaissance...

Quand je repris conscience, je vis le bon visage du docteur Happert et ses yeux qui riaient derrière les lunettes. Il tenait mon poignet et, près de lui, il y avait des internes, des infirmières...

— Alors, ma petite Mémé, on se laisse aller ?... C'est pas gentil, ça !...

Je ne sus jamais comment on m'avait ramenée à l'hôpital de Meaux, mais j'étais bien dans les draps tout blancs. On me faisait des piqûres, on me donnait des comprimés. On me prit du sang pour des examens, on me fit passer des radios. Je repris contact peu à peu avec le monde extérieur... Je m'accoutumais doucement à penser à Pépé sans ressentir d'impressions cruelles. Son souvenir était très estompé. Je me sentais détendue, soulagée, bien dans ma peau...

Il fallut des jours et des jours avant qu'on me laisse me lever, puis aller parmi les couloirs. Je n'aimais pas trop me diriger vers le hall du côté des hommes. A ce moment-là, le cœur me pinçait fort. Autour de moi, j'avais trouvé des nouvelles venues, des femmes que je ne connaissais pas. Mais les bavardages étaient les mêmes, courant çà et là dans les chambres, et les criailleries continuaient à la salle de télévision. Je repris ma fabrication de chaussons de laine que des dames de la Croix-Rouge admiraient...

Un jour, le docteur Happert m'apprit que j'étais guérie,

mais qu'il n'était pas question de me renvoyer à Mitry, chez moi. On allait m'emmener à côté de son service, à la maison de retraite, dont on apercevait les bâtiments en face…

C'est là que je vis aujourd'hui. Nous sommes quatre dans la chambre, et nous nous entendons bien. La pièce est belle et vaste. Il fait toujours bien chaud et la nourriture est bonne. Le personnel est très gentil…

Ma voisine Mathilde a quatre-vingt-sept ans, mais elle m'appelle quand même « ma petite Mémé », comme tout le monde ici… En face, c'est Emilie et Louise… Nous parlons de nos petits problèmes, en attendant les visites…

Les unes ont leurs enfants, leurs petits-enfants, les autres des amies, des cousines, qui leur apportent un peu de nouvelles du dehors. Mais ces nouvelles ne sont plus les nôtres. Nous ne sommes pas concernées par ce qui se passe ailleurs… Pourtant, on fait semblant de s'y intéresser, pour ne faire de peine à personne… Ainsi, on apprend qu'il y a de nouveaux députés, puis un autre président de la République. Mais ces grands personnages sont loin, très loin…

L'important, pour nous, c'est le matin, l'arrivée du café bouillant, avec des biscottes et du beurre, et les repas de midi et du soir. Ça ronchonne toujours un peu en examinant l'assiette :

— Encore du pot-au-feu ! grogne Mathilde.

— Du bouillon, toujours du bouillon ! constate une autre en touillant vigoureusement dans son assiette… Ou encore :
— Elle est rassise, leur tarte !

Moi, je ne dis rien… Je pense à mon passé sans viande, sans fruits, sans gâteaux, et je suis bien heureuse. Parfois, l'idée me vient que je le serais plus encore si Pépé était là et Auguste, mon fils, aussi, mais c'est très doux, très mélancolique. Mes larmes s'en sont allées, comme mes rires, parce que je les sais inutiles. On ne peut pas lutter contre l'inévitable. Notre vie est ainsi faite qu'il faut l'accepter comme elle est, comme on nous l'impose. C'est ce que j'essaie de faire comprendre au journaliste qui vient m'interroger de temps en temps, pour que je lui raconte mon existence…

Nous sommes au mois de décembre et je vais avoir quatre-vingt-quatre ans... De ma fenêtre, je regarde le jardin où le vent tourbillonne. Il fait froid et il tombe une espèce de poudre blanche qui vient se coller aux vitres. Les arbustes sont couchés et balayés comme des fétus de paille. Je me cale dans mon fauteuil. Tout autour règne le silence. Mes amies sont sorties. Sur mes genoux, j'ai abandonné mon tricot. J'ai chaud, je suis bien et, par la fenêtre, je fais un petit adieu d'amitié à mon confesseur, le journaliste qui vient de me quitter et qui repart avec son magnétophone sous le bras. Je lui ai dit :

— Toute ma vie, j'ai fait ce que je devais, ce que je pouvais... J'ai souffert beaucoup, travaillé énormément. Mais voyez-vous, il y a aussi et surtout que j'ai aimé, aimé, aimé, et que j'ai été heureuse, comme vous ne pouvez l'imaginer. Et le bonheur, finalement, il n'y a que ça qui compte. Maintenant, je peux mourir tranquille et rejoindre les miens qui m'attendent...

*Maison de retraite.*
*Annexe d'Orgemont, décembre 1975.*

# Littérature

## Classiques

| | |
|---|---|
| **CAROLL L.** Alice au pays des merveilles | BM 572 [06] |
| **DE DECKER J.** Grande roue (La) | BM 023 [06] |
| **DE LA FONTAINE J.** Fables | BM 014 [07] |
| **GRAFTEAUX S.** Mémé Santerre | M 10 [04] |
| **HENOUMONT R.** Boîte à tartines (La) | BM 024 [06] |
| **HENOUMONT R.** L'été d'Eva Brialmont | M 13 [ N] |
| **LILAR S.** Une enfance gantoise | BM 022 [06] |
| **PERRAULT Ch.** Contes | BM 017 [06] |
| **RABELAIS F.** Gargantua | BM 018 [06] |

## Fantastique

| | |
|---|---|
| **BLOCH R.** Psychose | BM 904 [05] |
| **CAPEK C.** Guerre des salamandres (La) | BM 324 [07] |
| **DE MAUPASSANT G.** Contes fantastiques complets | BM 464 [06] |
| **HOFFMANN** Contes T.1 | BM 901 [10] |
| **HOFFMANN** Contes T.2 | BM 902 [09] |
| **HOFFMANN** Contes T.3 | BM 903 [09] |
| **JAMES H.** Tour d'écrou (Le) | BM 412 [04] |
| **MEYRINK G.** Golem (Le) | BM 387 [04] |
| **SEIGNOLLE C.** Malvenue (La) | BM 215 [06] |
| **SHELLEY M.W.** Frankenstein | BM 203 [06] |
| **STOKER B.** Dracula | M 11 [12] |

## Humour

| | |
|---|---|
| **CABU** Rôti de beauf | M 008 [04] |
| **CAMPION L.** Lexique pour rire | M 014 [ N] |
| **GUILLOIS M. & A.** Les belles-mères ont de l'humour | M 005 [04] |
| **GUILLOIS M. & A.** Les enseignants ont de l'humour | M 006 [04] |
| **GUILLOIS M. & A.** Les femmes ont de l'humour | M 004 [04] |
| **GUILLOIS M. & A.** Les mamans ont de l'humour | M 007 [04] |
| **JICKA, PICHON & YAK** Petit zizi illustré (Le) | M 009 [ N] |
| **POPECK** Je veux bien qu'on rie mais pas qu'on se moque | M 003 [06] |

# Histoire

**ARON E.** Léopold III ........ MU 439 [09]
**BAINVILLE J** Histoire de France ........ MU 463 [14]
**BENNASSAR B.** Inquisition espagnole (L') ........ MU 396 [09]
**BENNASSAR B.** Siècle d'or espagnol (Un) ........ MU 399 [07]
**BONNECARRERE P.** Par le sang versé ........ MU 427 [09]
**BONNECARRERE P.** Qui ose vaincra ........ MU 428 [12]
**BORDONOVE G.** Templiers (Les) ........ MU 292 [06]
**BOURDREL Ph.** Cagoule (La) ........ MU 461 [09]
**BOUVIER-AJAM M.** Attila ........ MU 395 [09]
**BRENT P.** Vikings (Les) ........ MU 300 [06]
**BRION M.** Charles le Téméraire ........ MU 315 [07]
**BRUGE R.** Faites sauter la ligne Maginot ........ MU 447 [12]
**BULLOCK A.** Hitler T.1 ........ MU 027 [08]
**BULLOCK A.** Hitler T.2 ........ MU 028 [08]
**CARMONA M.** Marie de Médicis ........ MU 415 [12]
**CARMONA M.** Richelieu ........ MU 438 [14]
**CASTELOT A.** Aiglon (L') ........ MU 441 [06]
**CASTELOT A.** Marie-Antoinette ........ MU 337 [10]
**CHASTENET J.** Elisabeth 1ère ........ MU 398 [09]
**CLOT A.** Soliman le Magnifique ........ MU 424 [09]
**CLOULAS I.** Laurent le Magnifique ........ MU 401 [09]
**COLTON J.** Léon Blum ........ MU 436 [13]
**DELARUE J.** Histoire de la Gestapo ........ MU 459 [12]
**DELAUNAY J.** Belgique à l'heure allemande (La) ........ MU 453 [12]
**DELAUNAY J.** La grande débâcle ........ MU 460 [12]
**DELPERRIE DE BAYAC J.** Brigades internationales (Les) ........ MU 425 [12]
**DELPERRIE DE BAYAC J.** Front populaire (Le) ........ MU 413 [09]
**DELPERRIE DE BAYAC J.** Guerre des ombres (La) ........ MU 431 [07]
**DELPERRIE DE BAYAC J.** Histoire de la milice T.1 ........ MU 416 [07]
**DELPERRIE DE BAYAC J.** Histoire de la milice T.2 ........ MU 417 [07]
**DESANTI D.** Staliniens (Les) ........ MU 422 [09]
**DOYON J.** Soldats blancs d'Ho-Chi-Minh (Les) ........ MU 430 [13]
**DUMONT G.-H.** Histoire de la Belgique ........ MU 381 [09]
**DUMONT G.-H.** Marie de Bourgogne ........ MU 437 [09]
**DUMONT G.-H.** Vie quotidienne en Belgique au
temps de Léopold II ........ MU 450 [07]
**ELLEINSTEIN J.** Staline ........ MU 455 [14]
**ERLANGER Ph.** Louis XIV T.1 ........ MU 317 [06]
**ERLANGER Ph.** Louis XIV T.2 ........ MU 318 [06]
**FAVIER J.** François Villon ........ MU 400 [09]
**FAVIER J.** Guerre de cent ans (La) ........ MU 426 [12]
**GANIER RAYMOND Ph.** Affiche rouge (L') ........ MU 456 [07]
**GAXOTTE P.** Siècle de Louis XV ........ MU 297 [10]
**GRIMBERG C.** Histoire Universelle
T.01 L'aube des civilisations ........ MU 026 [09]
T.02 La Grèce et origines de la puissance romaine ........ MU 029 [09]

T.03 L'empire romain et les grandes invasions ..................... MU 031 [09]
T.04 Au cœur du Moyen-Age ............................................ MU 036 [09]
T.05 De la guerre de cent ans à la Renaissance italienne ..... MU 039 [09]
T.06 Humanisme et réforme ............................................ MU 048 [09]
T.07 Des guerres de religion au siècle de Louis XIV ............. MU 055 [09]
T.08 La puissance anglaise et la fin de l'ancien régime ......... MU 058 [09]
T.09 La révolution française et l'Empire ............................ MU 066 [09]
T.10 La révolution industrielle ......................................... MU 071 [09]
T.11 De la belle époque à la 1ère guerre mondiale ............... MU 076 [09]
T.12 Le monde contemporain .......................................... MU 086 [09]

**GROUSSET R.** Epopée des croisades (L') .............................. MU 320 [07]
**HILLEL M.** Au nom de la race ............................................. MU 446 [09]
**HOMO L.** Nouvelle histoire romaine ...................................... MU 293 [09]
**JACQUART J.** François 1er ................................................ MU 403 [09]
**KELLER W.** Etrusques (Les) ................................................ MU 296 [10]
**KENDALL P.M.** Louis XI ...................................................... MU 411 [09]
**KENDALL P.M.** Richard III ................................................... MU 412 [09]
**LENOTRE G.** Versailles au temps des rois ............................ MU 328 [07]
**LIDDELL HART H.** Histoire de la seconde guerre mondiale ...... MU 423 [12]
**MADELIN L.** Talleyrand ....................................................... MU 392 [09]
**MALET & ISAAC** Histoire :

T.1 Rome et le Moyen-Age ............................................ MU 354 [06]
T.2 L'age classique ...................................................... MU 355 [06]
T.3 Les révolutions ...................................................... MU 356 [06]
T.4 Naissance du monde moderne ................................. MU 357 [06]

**MANCERON C.** Austerlitz ...................................................... MU 359 [07]
**MAUROY P.** A Gauche ........................................................ MU 458 [12]
**MIQUEL P.** Histoire de la France ......................................... MU 449 [ ]
**MITTERRAND F.** Politique 1938-1981 .................................... MU 408 [09]
**MONTET P.** Egypte éternelle (L') .......................................... MU 302 [07]
**MURAT I.** Colbert ............................................................... MU 414 [09]
**NELLI R.** Cathares (Les) ...................................................... MU 326 [04]
**PERNOUD R.** Hommes de la croisade (Les) ........................... MU 324 [07]
**PERNOUD R.** Vie et mort de Jeanne d'Arc ............................. MU 380 [06]
**POTTECHER F.** Grands procès de l'histoire (Les) .................. MU 452 [07]
**RICHARD J.** Saint-Louis ....................................................... MU 448 [14]
**ROUSSEL E.** Pompidou ......................................................... MU 419 [12]
**SAJER G.** Soldat oublié (Le) ................................................ MU 440 [09]
**SMITH W.H.C.** Napoléon III ................................................... MU 407 [07]
**STEINER J.-F.** Treblinka ...................................................... MU 451 [09]
**TULARD J.** Murat ................................................................ MU 406 [06]
**VALLOTTON H.** Bismark ....................................................... MU 421 [09]
**VALLOTTON H.** Ivan le terrible ............................................. MU 402 [07]
**VALLOTTON H.** Pierre le grand ............................................. MU 404 [09]
**WILLIAMSON H.R.** Catherine de Médicis ............................... MU 306 [05]
**YOUNG D.** Rommel .............................................................. MU 462 [06]

Achevé d'imprimer sur les presses de **Scorpion**,
à Verviers, pour le compte des éditions **Marabout**.
D. février 1987/0099/27

ISBN 2-501-00236-9